化作春泥
浩青传

陈 熙 ◎著

老科学家学术成长资料采集工程
中国科学院院士传记丛书

1914年	1931年	1952年	1960年	1980年	2006年	2010年
江苏宜兴	考入浙江大学	执教复旦大学	任复旦大学化学系系主任	当选中国科学院学部委员	组建大恒-会马特种电源研发中心	逝世于上海

老科学家学术成长资料采集工程
中国科学院院士传记 丛书

化作春泥

吴浩青 传

陈熙 ◎ 著

中国科学技术出版社
上海交通大学出版社

图书在版编目（CIP）数据

化作春泥：吴浩青传 / 陈熙著 . —北京：中国科学技术出版社，2017.5

（老科学家学术成长资料采集工程丛书；中国科学院院士传记丛书）

ISBN 978-7-5046-7364-0

Ⅰ. ①化… Ⅱ. ①陈… Ⅲ. ①吴浩青 – 传记 Ⅳ. ① K825.46

中国版本图书馆 CIP 数据核字 (2017) 第 006157 号

责任编辑	余　君
责任印制	张建农
版式设计	中文天地

出　　版	中国科学技术出版社　上海交通大学出版社
发　　行	中国科学技术出版社发行部
地　　址	北京市海淀区中关村南大街 16 号
邮　　编	100081
发行电话	010-62173865
传　　真	010-62173081
网　　址	http://www.cspbooks.com.cn

开　　本	787mm×1092mm　1/16
字　　数	190 千字
印　　张	12.25
彩　　插	2
版　　次	2017 年 5 月第 1 版
印　　次	2017 年 5 月第 1 次印刷
印　　刷	北京华联印刷有限公司
书　　号	ISBN 978-7-5046-7364-0 / K·228
定　　价	45.00 元

（凡购买本社图书，如有缺页、倒页、脱页者，本社发行部负责调换）

老科学家学术成长资料采集工程领导小组专家委员会

主　任：杜祥琬
委　员：（以姓氏拼音为序）
　　　　巴德年　陈佳洱　胡启恒　李振声
　　　　齐　让　王礼恒　王春法

老科学家学术成长资料采集工程丛书组织机构

特邀顾问（以姓氏拼音为序）
　　　　樊洪业　方　新　谢克昌

编委会
主　编：王春法　张　藜
编　委：（以姓氏拼音为序）
　　　　艾素珍　崔宇红　定宜庄　董庆九　郭　哲
　　　　韩建民　何素兴　胡化凯　胡宗刚　刘晓勘
　　　　罗　晖　吕瑞花　秦德继　王　挺　王扬宗
　　　　熊卫民　姚　力　张大庆　张　剑　周德进

编委会办公室
主　任：孟令耘　张利洁
副主任：许　慧　刘佩英
成　员：（以姓氏拼音为序）
　　　　董亚峥　冯　勤　高文静　韩　颖　李　梅
　　　　刘如溪　罗兴波　沈林苣　田　田　王传超
　　　　余　君　张海新　张佳静

老科学家学术成长资料采集工程简介

　　老科学家学术成长资料采集工程（以下简称"采集工程"）是根据国务院领导同志的指示精神，由国家科教领导小组于 2010 年正式启动，中国科协牵头，联合中组部、教育部、科技部、工信部、财政部、文化部、国资委、解放军总政治部、中国科学院、中国工程院、国家自然科学基金委员会等 11 部委共同实施的一项抢救性工程，旨在通过实物采集、口述访谈、录音录像等方法，把反映老科学家学术成长历程的关键事件、重要节点、师承关系等各方面的资料保存下来，为深入研究科技人才成长规律，宣传优秀科技人物提供第一手资料和原始素材。

　　采集工程是一项开创性工作。为确保采集工作规范科学，启动之初即成立了由中国科协主要领导任组长、12 个部委分管领导任成员的领导小组，负责采集工程的宏观指导和重要政策措施制定，同时成立领导小组专家委员会负责采集原则确定、采集名单审定和学术咨询，委托科学史学者承担学术指导与组织工作，建立专门的馆藏基地确保采集资料的永久性收藏和提供使用，并研究制定了《采集工作流程》《采集工作规范》等一系列基础文件，作为采集人员的工作指南。截至 2016 年 6 月，已启动 400 多位老科学家的学术成长资料采集工作，获得手稿、书信等实物原件资料 73968 件，数字化资料 178326 件，视频资料 4037 小时，音频资料 4963 小时，具有重要的史料价值。

采集工程的成果目前主要有三种体现形式，一是建设"中国科学家博物馆网络版"，提供学术研究和弘扬科学精神、宣传科学家之用；二是编辑制作科学家专题资料片系列，以视频形式播出；三是研究撰写客观反映老科学家学术成长经历的研究报告，以学术传记的形式，与中国科学院、中国工程院联合出版。随着采集工程的不断拓展和深入，将有更多形式的采集成果问世，为社会公众了解老科学家的感人事迹，探索科技人才成长规律，研究中国科技事业的发展历程提供客观翔实的史料支撑。

总序一

中国科学技术协会主席　韩启德

老科学家是共和国建设的重要参与者，也是新中国科技发展历史的亲历者和见证者，他们的学术成长历程生动反映了近现代中国科技事业与科技教育的进展，本身就是新中国科技发展历史的重要组成部分。针对近年来老科学家相继辞世、学术成长资料大量散失的突出问题，中国科协于2009年向国务院提出抢救老科学家学术成长资料的建议，受到国务院领导同志的高度重视和充分肯定，并明确责成中国科协牵头，联合相关部门共同组织实施。根据国务院批复的《老科学家学术成长资料采集工程实施方案》，中国科协联合中组部、教育部、科技部、工业和信息化部、财政部、文化部、国资委、解放军总政治部、中国科学院、中国工程院、国家自然科学基金委员会等11部委共同组成领导小组，从2010年开始组织实施老科学家学术成长资料采集工程。

老科学家学术成长资料采集是一项系统工程，通过文献与口述资料的搜集和整理、录音录像、实物采集等形式，把反映老科学家求学历程、师承关系、科研活动、学术成就等学术成长中关键节点和重要事件的口述资料、实物资料和音像资料完整系统地保存下来，对于充实新中国科技发展的历史文献，理清我国科技界学术传承脉络，探索我国科技发展规律和科技人才成长规律，弘扬我国科技工作者求真务实、无私奉献的精神，在全社会营造爱科学、学科学、用科学的良好氛围，是一件很有意义的事情。采集工程把重点放在年龄在 80 岁以上、学术成长经历丰富的两院院士，以及虽然不是两院院士、但在我国科技事业发展中作出突出贡献的老科技工作者，充分体现了党和国家对老科学家的关心和爱护。

自 2010 年启动实施以来，采集工程以对历史负责、对国家负责、对科技事业负责的精神，开展了一系列工作，获得大量反映老科学家学术成长历程的文字资料、实物资料和音视频资料，其中有一些资料具有很高的史料价值和学术价值，弥足珍贵。

以传记丛书的形式把采集工程的成果展现给社会公众，是采集工程的目标之一，也是社会各界的共同期待。在我看来，这些传记丛书大都是在充分挖掘档案和书信等各种文献资料、与口述访谈相互印证校核、严密考证的基础之上形成的，内中还有许多很有价值的照片、手稿影印件等珍贵图片，基本做到了图文并茂，语言生动，既体现了历史的鲜活，又立体化地刻画了人物，较好地实现了真实性、专业性、可读性的有机统一。通过这套传记丛书，学者能够获得更加丰富扎实的文献依据，公众能够更加系统深入地了解老一辈科学家的成就、贡献、经历和品格，青少年可以更真实地了解科学家、了解科技活动，进而充分激发对科学家职业的浓厚兴趣。

借此机会，向所有接受采集的老科学家及其亲属朋友，向参与采集工程的工作人员和单位，表示衷心感谢。真诚希望这套丛书能够得到学术界的认可和读者的喜爱，希望采集工程能够得到更广泛的关注和支持。我期待并相信，随着时间的流逝，采集工程的成果将以更加丰富多样的形式呈现给社会公众，采集工程的意义也将越来越彰显于天下。

是为序。

总序二

中国科学院院长　白春礼

由国家科教领导小组直接启动，中国科学技术协会和中国科学院等 12 个部门和单位共同组织实施的老科学家学术成长资料采集工程，是国务院交办的一项重要任务，也是中国科技界的一件大事。值此采集工程传记丛书出版之际，我向采集工程的顺利实施表示热烈祝贺，向参与采集工程的老科学家和工作人员表示衷心感谢！

按照国务院批准实施的《老科学家学术成长资料采集工程实施方案》，开展这一工作的主要目的就是要通过录音录像、实物采集等多种方式，把反映老科学家学术成长历史的重要资料保存下来，丰富新中国科技发展的历史资料，推动形成新中国的学术传统，激发科技工作者的创新热情和创造活力，在全社会营造爱科学、学科学、用科学的良好氛围。通过实施采集工程，系统搜集、整理反映这些老科学家学术成长历程的关键事件、重要节点、学术传承关系等的各类文献、实物和音视频资料，并结合不同时期的社会发展和国际相关学科领域的发展背景加以梳理和研究，不仅有利于深入了解新中国科学发展的进程特别是老科学家所在学科的发展脉络，而且有利于发现老科学家成长成才中的关键人物、关键事件、关键因素，探索和把握高层次人才培养规律和创新人才成长规律，更有利于理清我国科技界学术传承脉络，深入了解我国科学传统的形成过程，在全社会范围内宣传弘扬老科学家的科学思想、卓越贡献和高尚品质，推动社会主义科学文化和创新文化建设。从这个意义上说，采集工程不仅是一项文化工程，更是一项严肃认真的学术建设工作。

中国科学院是科技事业的国家队，也是凝聚和团结广大院士的大家庭。早在1955年，中国科学院选举产生了第一批学部委员，1993年国务院决定中国科学院学部委员改称中国科学院院士。半个多世纪以来，从学部委员到院士，经历了一个艰难的制度化进程，在我国科学事业发展史上书写了浓墨重彩的一笔。在目前已接受采集的老科学家中，有很大一部分即是上个世纪80、90年代当选的中国科学院学部委员、院士，其中既有学科领域的奠基人和开拓者，也有作出过重大科学成就的著名科学家，更有毕生在专门学科领域默默耕耘的一流学者。作为声誉卓著的学术带头人，他们以发展科技、服务国家、造福人民为己任，求真务实、开拓创新，为我国经济建设、社会发展、科技进步和国家安全作出了重要贡献；作为杰出的科学教育家，他们着力培养、大力提携青年人才，在弘扬科学精神、倡树科学理念方面书写了可歌可泣的光辉篇章。他们的学术成就和成长经历既是新中国科技发展的一个缩影，也是国家和社会的宝贵财富。通过采集工程为老科学家树碑立传，不仅对老科学家们的成就和贡献是一份肯定和安慰，也使我们多年的夙愿得偿！

鲁迅说过，"跨过那站着的前人"。过去的辉煌历史是老一辈科学家铸就的，新的历史篇章需要我们来谱写。衷心希望广大科技工作者能够通过"采集工程"的这套老科学家传记丛书和院士丛书等类似著作，深入具体地了解和学习老一辈科学家学术成长历程中的感人事迹和优秀品质；继承和弘扬老一辈科学家求真务实、勇于创新的科学精神，不畏艰险、勇攀高峰的探索精神，团结协作、淡泊名利的团队精神，报效祖国、服务社会的奉献精神，在推动科技发展和创新型国家建设的广阔道路上取得更辉煌的成绩。

总序三

中国工程院院长　周　济

  由中国科协联合相关部门共同组织实施的老科学家学术成长资料采集工程，是一项经国务院批准开展的弘扬老一辈科技专家崇高精神、加强科学道德建设的重要工作，也是我国科技界的共同责任。中国工程院作为采集工程领导小组的成员单位，能够直接参与此项工作，深感责任重大、意义非凡。

  在新的历史时期，科学技术作为第一生产力，已经日益成为经济社会发展的主要驱动力。科技工作者作为先进生产力的开拓者和先进文化的传播者，在推动科学技术进步和科技事业发展方面发挥着关键的决定的作用。

  新中国成立以来，特别是改革开放30多年来，我们国家的工程科技取得了伟大的历史性成就，为祖国的现代化事业作出了巨大的历史性贡献。两弹一星、三峡工程、高速铁路、载人航天、杂交水稻、载人深潜、超级计算机……一项项重大工程为社会主义事业的蓬勃发展和祖国富强书写了浓墨重彩的篇章。

  这些伟大的重大工程成就，凝聚和倾注了以钱学森、朱光亚、周光召、侯祥麟、袁隆平等为代表的一代又一代科技专家们的心血和智慧。他们克服重重困难，攻克无数技术难关，潜心开展科技研究，致力推动创新发展，为实现我国工程科技水平大幅提升和国家综合实力显著增强作出了杰出贡献。他们热爱祖国，忠于人民，自觉把个人事业融入到国家建设大局之中，为实现国家富强而不断奋斗；他们求真务实，勇于创新，用科技为中华民族的伟大复兴铸就了辉煌；他们治学严谨，鞠躬尽瘁，具有崇高的科学精神和科学道德，是我们后代学习的楷模。科学家们的一生是一本珍贵的教科书，他们坚定的理想信念和淡泊名利的崇高品格是中华民族自强不息精神的宝贵财富，永远值得后人铭记和敬仰。

通过实施采集工程，把反映老科学家学术成长经历的重要文字资料、实物资料和音像资料保存下来，把他们卓越的技术成就和可贵的精神品质记录下来，并编辑出版他们的学术传记，对于进一步宣传他们为我国科技发展和民族进步作出的不朽功勋，引导青年科技工作者学习继承他们的可贵精神和优秀品质，不断攀登世界科技高峰，推动在全社会弘扬科学精神，营造爱科学、讲科学、学科学、用科学的良好氛围，无疑有着十分重要的意义。

中国工程院是我国工程科技界的最高荣誉性、咨询性学术机构，集中了一大批成就卓著、德高望重的老科技专家。以各种形式把他们的学术成长经历留存下来，为后人提供启迪，为社会提供借鉴，为共和国的科技发展留下一份珍贵资料。这是我们的愿望和责任，也是科技界和全社会的共同期待。

吴浩青

采集小组在讨论工作（一）

采集小组在讨论工作（二）

目 录

老科学家学术成长资料采集工程简介

总序一 ·· 韩启德

总序二 ·· 白春礼

总序三 ·· 周 济

导 言 ·· 1

| 第一章 | 家世与少年 ·································· 11

　　艰涩的童年 ·· 11

　　辗转周折的小学和初中 ······························ 15

　　英杰汇集的苏州中学 ································· 21

第二章 浙大求学 ……… 30

考入浙江大学 ……… 30
大学里的生活和学习 ……… 35
毕业抉择——留校任教 ……… 42

第三章 辗转任教浙湘沪 ……… 45

重返浙大 ……… 45
湖南国立师范任教 ……… 57
执教沪江大学 ……… 65

第四章 锑的电化学研究 ……… 71

院系调整进复旦 ……… 71
五六十年代的政治环境与科研 ……… 74
主持复旦化学系工作 ……… 78
电池及其缓蚀剂的研究 ……… 80
锑的零电荷电势研究 ……… 81

第五章 锂电池及其嵌入反应研究 ……… 91

新时期的学术交流 ……… 91
锂电池的发展历程 ……… 96
对锂电池嵌入反应的研究 ……… 102
在锂电池生产应用上的努力 ……… 105
行政职务与学术任职 ……… 108
出版专著《电化学动力学》 ……… 110

第六章　执教育人七十载 ……… 113

　　快乐的教书匠 ……… 113
　　他的学生们 ……… 116
　　坚持亲自动手做实验 ……… 119
　　严师出高徒 ……… 121
　　谆谆教诲 ……… 123

第七章　晚年生活 ……… 127

　　不服老的老先生 ……… 127
　　子女眼中的老父亲 ……… 129
　　老科学家的园艺情节 ……… 132
　　淡泊宁静的晚年生活 ……… 135

结　语 ……… 137

附录一　吴浩青年表 ……… 141

附录二　吴浩青主要论著目录 ……… 166

参考文献 ……… 170

后　记 ……… 174

图片目录

图 1-1　吴浩青家谱 ……………………………………………… 13
图 1-2　东坡书院 ………………………………………………… 16
图 1-3　东坡小学石牛池 ………………………………………… 17
图 1-4　20 世纪 30 年代的苏州中学校门 ……………………… 22
图 1-5　1987 年吴浩青访母校时在道山亭留影 ……………… 28
图 2-1　30 年代的国立浙江大学校门 ………………………… 31
图 2-2　浙江大学文理学院 ……………………………………… 33
图 2-3　周厚复先生 ……………………………………………… 43
图 3-1　浙江大学宜山校景 ……………………………………… 49
图 3-2　浙江大学龙泉校景 ……………………………………… 53
图 3-3　创办于李园的国立师范 ………………………………… 58
图 3-4　国立师范学院档案名册 ………………………………… 60
图 3-5　40 年代末的私立沪江大学校门 ……………………… 67
图 3-6　吴浩青 40 年代末摄于沪江大学校园 ………………… 68
图 4-1　50 年代复旦大学校门 ………………………………… 72
图 4-2　1953 年吴浩青在指导学生电化学实验 ……………… 73
图 4-3　复旦大学化学楼 ………………………………………… 76
图 4-4　1957 年 11 月于沈阳北陵 …………………………… 78
图 4-5　锑电极在 0.010NHCl，频率 5000 赫兹时，电容 - 电势曲线 …… 89
图 5-1　1978 年 8 月于布达佩斯参加第二十九届国际电化学年会 …… 92
图 5-2　吴浩青在日本京都 ……………………………………… 94
图 5-3　1981 年 10 月吴浩青与于同隐、邓家祺 …………… 95
图 5-4　1982 年 10 月在青岛中科院海洋研究所讲学 ……… 95
图 5-5　锂嵌入反应示意图 ……………………………………… 103
图 5-6　1982 年接待唐敖庆院士 ……………………………… 109

IV

图 5-7　吴浩青编写的《统计热力学讲稿》……………………………111
图 5-8　1987 年秋武汉东湖合影……………………………………112
图 6-1　1984 年 6 月，复旦大学化学系电化学专业 80 级毕业留念……114
图 6-2　1989 年 7 月在复旦化学系……………………………………117
图 6-3　吴浩青与学生李国欣合影……………………………………118
图 6-4　1987 年 10 月在电化学实验室………………………………119
图 7-1　2006 年 4 月 8 日吴浩青摄于复旦九舍………………………128
图 7-2　2004 年 4 月，家人为吴浩青庆贺 90 寿诞…………………130

导 言

吴浩青（1914—2010）是我国著名电化学家、化学教育家，长期从事电极过程动力学的理论及其应用研究，是我国电化学尤其是锂电池研究领域的开拓者和奠基人之一。

1914年4月22日，吴浩青出生于江苏宜兴丁蜀镇小圩村的一个私塾先生家庭，5岁丧父，由母亲含辛茹苦抚养长大，读书机会来之不易，因此吴浩青读书极为勤勉努力。吴浩青从小立志成为一名大学教授，其先后就读于宜兴东坡小学、宜兴县立中学、私立精一中学和苏州中学。在苏州中学接受了完整而严格的三年高中教育，在英文、数学、物理、化学等科目上打下了扎实的基础。1931年以优异成绩考入国立浙江大学化学系，师从著名有机化学家周厚复先生，进入化学研究的大门。1935年大学毕业，为了实现自己成为大学教授的夙愿，放弃了薪酬待遇较高的杭州筧桥防空学校教官和扬州中学教员的岗位，选择留校担任助教，跟随周厚复先生开展研究工作。不久便在有机化学领域的一流期刊《美国化学会志》发表关于芳香氨基醛的论文，崭露学术头角。

抗战爆发后，吴浩青随浙江大学先后南迁到泰和、宜山，并协助筹建浙大龙泉分校。1941年前往湖南国立师范学院任教。1946年任教于上海沪江大学化学系。1952年院系调整，吴浩青进入复旦大学化学系，此后，在复旦的讲台上度过一生。

进入复旦以后，吴浩青将自己的研究重心转移到物理化学电化学领域。吴浩青在电化学领域研究成果丰硕，最核心部分是对锑和锂的电化学性能研究。五六十年代，吴浩青集中力量对我国丰产元素锑的电化学性能进行研究，测定了锑的零电荷电势为 -0.19 ± 0.02 伏，为研究双电层结构及电极过程提供了重要数据，并为国际电化学界所公认。这项研究成果也使得吴浩青在1980年当选为中国科学院学部委员（院士）。八十年代以后，吴浩青开始对锂电池进行研究，提出锂在非层状结构化合物中的嵌入反应机制，为锂离子电池的开发奠定了理论基础。

吴浩青在教书育人上奉献了自己的一生，他首先是一个老师，然后才是一个科学家。吴浩青从小立志成为一名大学教授，晚年称自己是一个"快乐的教书先生"。吴浩青热爱教师这个岗位，一辈子从未曾离开过三尺讲台，他认为自己选择当老师的路子是走对了，如果让他再做一次选择，还是会选择当老师。吴浩青执掌教鞭七十余年，为培养青年人才倾注了毕生的心血，先后培养了五十多名硕士、博士，学生遍布海内外，其中有3位成为中国科学院院士，为我国化学事业的发展和人才培养做出巨大贡献。胡铁生盛赞吴浩青是"成果浩海上，育苗青天下"。

采集过程与主要成果

本项目于2011年6月启动以后，项目小组正式成立。随后对小组成员作了明确具体的分工，并实行分工负责制。在采集工作时间节点的安排上，以2012年2月为界，分为前后两个阶段：前期工作重点为：（1）原件资料采集；（2）展开访谈；（3）对吴浩青院士曾经生活、求学、工作过的地方作实地调研考察（包括当地的史志办、档案馆室、校史馆等），采集相关资料。后期工作重点为：（1）对复旦大学档案馆馆藏档案作全部检阅，采集案卷中所有的相关资料（除法律法规不允许者外），实行扫描复制存储;(2)建立电子文件资料库;(3)建立采集资料总目录;(4)整理原件资料。整个资料采集工作虽然被分解成前后两个时间段,但因具体情况可采取变通办法,或可相互穿插交替进行,因此并不是绝然分割的。

(一)关于原件资料采集工作

1. 吴浩青院士家中所藏的原件资料采集

吴浩青院士生前已决定将他的个人档案资料全部捐赠给复旦大学,并亲自向校档案馆移交了部分原件资料。2010年7月,吴浩青院士去世后,家人遵其遗愿,将其保存在家中的个人档案资料悉数交给了复旦大学档案馆。吴浩青院士家乡宜兴市政府和母校浙江大学,此前亦曾多次登门与其家人联系,取走了一批吴浩青院士的原件资料。在这种情况下,继续挖掘吴浩青院士的原件资料变得十分困难。不过,采集小组并没有因此止步。凭借着与吴浩青院士家人之间的友好关系,采集小组组长杨家润一而再、再而三地登门造访,恳请吴浩青家人再仔细查找,以期找到散逸遗漏在家中的资料。采集小组得到吴浩青院士的儿子、女儿的全力支持,特别是其小女儿吴平女士,专程从深圳赶回上海,不避暑溽、费心尽力,将家中翻箱倒柜,找遍了角角落落。皇天不负有心人,采集小组最终觅到一批手稿、实验图纸、证书、学术论文等原件资料。另外吴浩青院士的子女又把他们自己保存的录像光盘、照片等赠送给采集小组,实属不易。

2. 院系所藏资料

采集小组到吴浩青院士生前工作的复旦大学化学系查找资料,得到了系领导的支持,收获一批手稿。又通过他的同事、学生提供的线索,走访相关人员,最终采集到了散存在系里的吴浩青院士的学术论文、讲义、自制的锂离子电池样品,以及他的部分硕士、博士研究生的毕业论文等原件资料。

3. 受访者个人收藏的原件资料

在访谈工作中,采集小组亦时时留意有关原件资料的信息,并及时追踪线索,随时实施采集。如:在访谈吴浩青院士夫人时(访谈时老人已

93岁），曾多次引导她回忆以前吴浩青院士是否拍摄过录像，录像带现在保存在哪里，早年的照片有没有保存下来，在哪里可以找到，等等。又请她做子女的工作，希望能得到他们手边保存的原件资料。但是对于名家字画，我们主张仍由家属保存为好，如上海知名书法家胡铁生书赠吴浩青院士的嵌名对联"成果浩海上，育苗青天下"，他儿子已把它交给了采集小组，采集小组经过慎重考虑，归还给了吴老夫人，她老人家很高兴。事实证明，这些工作是有成效的，采集小组因此获得了一些照片、信件和录像光盘等原件资料。又如：采集小组对接受访谈者必定谈到采集工作的意义及采集原件资料的重要性所在，因而不少受访者把他们自己收藏的相关资料无保留地赠送给了采集小组。

4. 实地考察与采集

对吴浩青院士曾经生活、求学、工作过的地方，采集小组做了实地考察调研，目的在于深入地了解他学术成长过程中的细节，当然也寄希望在考察中能发现、采集到更多的有关其成长历史的原件资料。在考察调研地，我们重点去旧址、档案馆、史志办等可能收藏有相关资料的地方。采集小组曾分别到江苏宜兴、苏州、太仓、湖南长沙、娄底、北京等地调研。在湖南长沙，重点访问了湖南师范大学（因为其前身为国立湖南师范学院，抗战时的蓝田师院），到该校档案馆拜访，参观校史馆，采集到蓝田师院时期的图片及有关师院情况的资料。又通过师大档案馆的关系，得以在湖南省档案馆查遍蓝田师院档案（因为这些档案是师大上世纪八十年代交给省档案馆的），并获得了相关档案的复制件。虽然湖南省档案馆的设施现代化程度较低，档案的缩微率不高，但也正因为如此，我们在那里才能亲近原件档案，感受到更为真实浓厚的历史气息。

去娄底市是颇觉遗憾的，满怀期待千里迢迢赶去，却一无所获。昔日的蓝田师院旧址，而今早已荡然无存，不可寻踪了。在城镇现代化、农村城市化的进程中，不少值得保存的文化旧址被铲平毁灭，所谓的发达地区如此，不发达地区亦如此。岂不悲夫！

在吴浩青院士的家乡宜兴市丁蜀镇调研中，颇有些收获。当时走访了他的堂妹及族人，得知其孩提时代的一些趣事，并查阅到吴氏族谱，得知他的谱名与今名完全不同。又到他小学读书时的旧址——东坡书院进行考察，可喜的是，东坡书院周边环境及建筑保存完好，当地人尚能指点1922年郭沫若在那里讲演的场所及宿夜处。

前身为紫阳书院的苏州中学，是近代以来闻名遐迩的著名中学。当年吴浩青院士求学时每日晨读处道山亭，尚翼然于小土山上。1986年，吴浩青院士至姑苏访母校时，曾在此亭留影，并在照片后题记追忆之。苏州中学培养了许多优秀人才，吴浩青、钱伟长等院士都曾就读于该校。遗憾的是，学校早期的档案资料未能保存下来，故欲查找上世纪二三十年代在校的学生学籍档案等原始材料，已无从寻觅。

综上，采集小组通过走访吴浩青的家人、同事、学生、工作过的复旦大学化学系，以及他早年生活、学习、工作的地方，采集到一批吴浩青院士的原件资料。可以说，目前关于吴浩青院士的原件资料，基本上收集齐全。

（二）关于馆藏档案、媒体报道、出版物资料的收集工作

复旦大学档案馆馆藏极为丰富，馆藏档案已达26万余卷之数。若要在如此浩如烟海的案卷中查全吴浩青的相关资料，工作量之大难以想象。若放弃档案，于采集工程项目来说，无疑是无米之炊。为此，采集小组决定从案卷筛选入手，先选出可能有相关资料的案卷来。然而，案卷筛选并不是件轻而易举的事，因受人力、物力的限制，校档案馆馆藏档案数字化刚起步，尚难以借助计算机完成此项工作，只能进行人工作业。人工作业则要求筛选者对馆藏档案非常熟悉，否则难以胜任，且会如大海捞针，漫无方向。因为要求高、工作量大，我们将此项工作提至前半年展开，并决定由项目骨干孙瑾芝担纲案卷筛选工作（她的本职岗位是档案馆保管利用室主任，熟悉馆藏档案）。因时间紧迫，任务繁重，她不得不在做好本职工作之外，加班加点，夜以继日地查阅案卷。案卷筛选出来后，还必须一卷卷查阅、甄别。不少案卷无卷内目录，还必须逐卷逐页翻阅。查得后，调出案卷来，等待扫描。经过半年多的查找，总计筛选出三四百卷的案卷。

项目负责人杨家润则负责对馆藏吴浩青院士个人全宗档案的筛选,其本职岗位征集编研室主任,负责挑出重要的证书、照片、手稿,以备扫描。所有调出的需扫描的档案资料,委托一家图文制作公司,按采集工程要求的指标进行扫描存储(计扫描件达4715页)。

此外,采集小组通过多方位搜索网上媒体所载相关资料,一一下载,并建立采集资料电子文本库。在以上诸项工作的基础上建立了采集资料总目录、原件资料目录。

(三)访谈工作的开展

吴浩青院士学术成长资料采集工程自2011年6月正式启动后,采集小组就与校化学系接洽,商定应访谈人员名单。因学校已临近暑假,老师们工作繁忙,故访谈工作未能及时展开。秋季学校开学后,访谈工作随即启动,至2012年5月底结束。先后访谈15人次,总计774分钟。因吴浩青院士已于2010年7月去世,故只能采取间接访谈。我们选定的受访者为吴浩青院士夫人、女儿,他的同事、学生,尤其是早期的学生。受访人除在校者外,还有在上海其他研究机构的,也有在湖南的、北京的等。有的受访者是经过许多周折才辗转联系上的,如吴浩青院士1959年带的电化学研究生林志成,采集小组在做案头工作时才知道他是锑的零电荷电势测定实验的直接参与者,因而列入重点访谈对象。因为要了解吴浩青院士的重要学术成果锑的零电荷电势研究的详细情况,林志成是一个不可或缺的见证者。1962年林志成从复旦大学化学系毕业,分配去湖南大学,以后便无联系。这次采集小组赴湖南调研,曾专程前往湖南大学寻访,亦未能联系上。回上海后,通过多方查询,才得到林志成的确切信息,并最终完成访谈工作。在与林志成的访谈中,采集小组了解到当年获得该实验结果所经历的曲折和所付出的艰辛,也了解了不少尘封的往事。访谈中,采集小组感受到,林志成对吴浩青院士在研究上的执着和严谨极为敬佩。吴浩青院士一生都在追求能为国家做些事。特别是在自己的研究领域——电化学方面,从锑的研究到锂的研究,一直努力不懈地探索着,希望能找到研究高能电源材料。

研究思路与写作框架

本采集工程课题的研究思路，是以系统地收集、梳理、辨别吴浩青院士的档案为基础，以他的家人、同事、学生等的访谈为重要补充，以部分报纸、书刊的报道为参考，将吴浩青一生的成长历程、学术研究、教书育人等各个方面，原滋原味地展现出来，并在不影响主体结构的前提下，尽可能地丰富吴浩青院士的历史细节，还原一个真实的、客观的、可亲的吴浩青。

作为科学家的传记，本书首要突出的是吴浩青院士在化学研究领域的转变历程。因此，本研究的最初阶段，是通过梳理、阅读吴浩青院士的档案资料和所发表的论文，将其一生的研究归结为三个阶段：早期的有机化学研究阶段；上世纪五六十年代对锑的电化学研究阶段；八十年代后对锂电池的研究。这三个阶段的转变构成了吴浩青学术生涯的主轴线。早期的有机化学研究是在新中国成立前，受著名有机化学家周厚复先生的指导和影响下进行的；五六十年代对锑的电化学性能研究，核心成果是测定了锑的零电荷电势，为我国电化学的研究和锑的开发利用作出巨大贡献；八十年代以后重点是对锂电池的研究，提出嵌入反应机理，为锂电池的研发奠定理论基础，具有开创性意义。吴浩青院士学术研究这三个阶段，构成整个研究报告的骨架，是章节布置的主要依据。

科学史的研究重视内外史相结合，"内史"是指吴浩青院士一生中化学研究的变迁，"外史"则是包括家庭、求学历程、教学单位、社会背景、重大政治事件等与吴浩青密切相关、对吴浩青院士的研究教学事业产生重大影响的外部环境。因此，除了上述吴浩青院士学术研究三阶段外，还需要以时间为轴，将其一生中的重大事件都纳入进来。按照这个标准，可以将吴浩青院士的一生，分为五个阶段：青少年求学阶段；浙大求学阶段；辗转任教浙大、国立师范、沪江等各高校阶段；复旦大学任教前期和后期等。

吴浩青院士的内史三阶段和外史五阶段，是建构文章框架的主要依据。考虑到教学工作在吴浩青院士的一生中具有重要地位，因此增加一章描绘吴浩青院士的教学事迹。此外，吴浩青院士晚年的生活资料丰富，对了解吴浩青的个性与为人，都十分有帮助，因此，安排一章写吴浩青院士晚年生活。综合上述几方面的考虑，全书的框架包括以下几章。

第一章，家世与少年。时间段是从其出生到苏州中学求学。主要的内容包括描述了吴浩青的家世、幼年的成长环境、良好的小学教育、动荡不定的初中和完整扎实的高中教育，以及这其中发生的故事，对吴浩青性格的影响等方面。

第二章，浙大求学。从1931年吴浩青考入浙大开始，到1935年毕业为止。主要描绘吴浩青在浙大求学的经历，包括他的入学考试、在浙大所上的课程与成绩、浙大的日常生活、与周厚复先生的交往、毕业去向的选择等方面。浙大系统而完整的化学教育，使吴浩青开始走上研究的道路，走上了实现自己成为大学教授的理想的历程。

第三章，辗转任教浙湘沪。大学毕业后，吴浩青成为浙江大学化学系的助教，正式走上三尺讲台，并曾任教于太仓师范。抗战爆发后，吴浩青随浙江大学南迁至江西泰和、广西宜山，并前往浙江龙泉参与组建浙大龙泉分校。1941年任教湖南蓝田国立师范学院，并从蓝田迁移到溆浦。受战争影响，这段时期吴浩青辗转多次，生活极为艰苦。1946年来到上海，任教于沪江大学。这一时期，吴浩青的主要研究工作是有机化学。

第四章，锑的电化学研究。1952年院系调整，吴浩青从沪江来到复旦。此后吴浩青的研究重心转移到电化学领域，尤其是对我国丰产元素锑的电化学性能进行系统研究，其中最重要的成果是测定了锑的零电荷电势，本章对这个实验过程进行了详细的描述和分析。此外，这一时期吴浩青还筹建了全国第一个电化学实验室，使得复旦成为电化学研究和人才培养的重要基地。

第五章，锂电池及其嵌入反应研究。改革开放以后，吴浩青即开始了对锂电池的研究。当时国际上对锂电池的研究尚处于起步阶段，吴浩青敏锐地看到锂电池的巨大发展前景，将研究重心转移到锂电池的研究上。这个决定在锂电池获得巨大发展和广泛应用的今天看来,是极有前瞻性眼光的。本章介绍了锂电池的发展历程、吴浩青对锂的嵌入反应机制的探索和发现,以及他推动锂电池的商品化方面的努力。此外还介绍了吴浩青在新时期的社会工作和学术专著的出版等。

第六章,执教育人七十载。这章的主要任务,是介绍吴浩青的教学工作,包括他的教学方法、个性、态度、教学经验、学生培养、教学趣闻等方面。吴浩青自认为是一个教书匠,在他的一生中,花在教学和栽培学生上的心血,一点也不会比在科研工作上花得少,除了实验室,吴浩青最钟爱的,就是那三尺讲台。

第七章,晚年生活。吴浩青晚年生活朴素、平静、淡泊,尽管进入耄耋之年,但仍保持年轻的心和一股不服老的劲头。吴浩青的言传身教对其子女产生深远影响,从他子女的眼中可以了解吴浩青的正直品格。吴浩青晚年十分喜欢园艺,成为玖园和实验室的"园丁"。这章主要展示吴浩青晚年的生活状态与精神面貌。

以上是本传的主要思路和研究框架。

需要补充说明的是以下两点。吴浩青大学毕业后,由于战争使得他在内地四下辗转,因此并没有出国留学。这是一。吴浩青在"文化大革命"期间,尽管系主任职务被撤销,在牛棚中被关了将近半年,也被作为资产阶级知识分子进行批斗,但相对而言,受到的冲击相对较小,从牛棚出来后不久便到电池厂劳动,给工人们讲授一些电化学课程,加上这时期留下的档案资料极为有限,因此,写他在"文化大革命"时候的经历没有专门列出一章。这是二。

总体上,吴浩青院士是一位以教书育人为使命的科学家,他的主要精力,除了在实验室外,就是在三尺讲台上授业解惑,很少参与社会活动,担任的社会职务也很少,淡泊名利,与世无争。可以说,吴浩青的一生,都默默无闻地奉献给了电化学事业和教学,为我国的电化学的发展和人才培养做出了巨大的贡献。

第一章
家世与少年

艰涩的童年

1914年4月22日,吴浩青出生在江苏宜兴蜀山镇(今属丁蜀镇)小圩村的一户私塾先生家中。

宜兴,这个太湖西畔的鱼米之乡,温暖湿润、气候宜人,古称阳羡,是一座古老而神奇的文化名城。宜兴东承太湖碧波万顷,山水风光秀丽焕彩,古往今来,多少文人墨客仰慕这里的风光,吟诗作画,流连忘返,唐代诗人陆希声曾做《阳羡杂咏十九首》,盛赞宜兴景色旖旎,宋代大文豪苏东坡更留下了"买田阳羡吾将老,从初只为溪山好"的诗句,来到宜兴创办了著名的东坡书院。明代大才子文征明曾乘船游览宜兴,沿途风光让他陶醉不已,挥笔作下一首《洴渫》,抒发其游历时的愉快心情:

阳羡西来溪水长,晴云飘渺练生光。千年洴渫空陈迹,一笑鸢鱼付两忘。静夜星河涵鹭落，有时烟雨听沧浪。老夫抬出元晖句，聊为幽人赋草堂。

近代宜兴画家徐达章先生（徐悲鸿的父亲）曾作《阳羡十景》图，将宜兴的善卷洞、张公洞、灵谷洞、玉女潭等宜兴最负盛名的景色绘成一图，其笔墨酣畅、色彩丰富、布局恰当，极其传神地展示了宜兴山水之美。

宜兴具有悠久的历史文化传统，文教兴盛，历来重视诗书礼仪和文化教育，文化气息浓厚，是名人辈出的一块宝地，历史上曾孕育了10位宰相、4位状元和385名进士以及大批的饱读诗书的学者。东汉兄弟封侯的蒋澄、蒋默"一门九侯"，三国两晋周宾、周鲂、周处、周切"四代英杰"，宋代状元佘中、邵刚、邵材"一邑三魁"，更是声名在外。近代以来更是名人辈出，出现了诸如徐悲鸿（著名画家）、储安平（新闻评论家）、潘梓年（创办《新华日报》）、蒋南翔（教育家）、吴冠中（画家）、周培源（流体力学家）、唐敖庆（化学家）、潘菽（心理学家）、顾景舟（紫砂艺人）等一大批知名人物，也走出了大批的两院院士和教授学者，成为著名的"院士之乡""教授之乡"。吴浩青就是从这里走出的众多两院院士之一。

吴浩青诞生之时，已是民国三年，清王朝统治已经结束，社会风貌正发生剧烈的变化。尽管时局动荡，但是丁蜀小圩村，这个著名的紫砂壶之乡，依然保持着宁静的乡村生活秩序。小圩村外地势坦荡，土壤肥沃，阳光下，那一片片绿油油的是稻田，波光粼粼的则是鱼塘，春光明媚时，还可以看到金灿灿的油菜花。这一带降水充沛，加上地势平坦，形成许多纵横交错的小河浜，成为居民日常生活的一部分，灌溉、洗衣、淘米、洗菜，孩童捉鱼摸虾嬉戏，是一派典型的江南水乡生活景象。有水的地方有灵性，吴浩青家门前那条三米见宽的小河浜，承载了他许多童年的记忆。

吴浩青出生在一个小地主家庭中，尽管祖上留有不少田产，但是也并不太富裕。祖父吴步云一生勤勤恳恳，安守本分，生活简朴，谨慎地经营着祖上继承下来的田产，维持着一大家子的生计。吴步云膝下有四子，次子为吴汝祥，汝祥育有一女一子，儿子便是吴浩青。

吴浩青三岁时，祖父过世，给吴汝祥一房留下了四十亩的田地和一些房产。父亲汝祥自幼聪慧，好读书，擅诗文，熟读四书五经，读书颇为勤恳，两耳不闻窗外之事，很受祖父的喜爱。家中本希望他能够考取功名，光耀门楣，可生不逢时，不及他功名及第，清廷便废除了科举考试，使得前尽枉然。于是汝祥便在家乡私塾当起了私塾先生，教家乡的孩童读书识字。汝祥一介书生，喜欢吃口烟，并不善于经营生计，加上私塾收入微薄，生活日渐窘迫，不得已之时，还出售了部分田产以维持生计。

汝祥自幼身子娇弱，在其父过世第二年，也撒手而去，留下遗孀陆珍和一儿一女。这一年吴浩青年仅四岁。

吴父过世后，吴浩青这一房顿时显得人丁衰微，冷冷清清。孤儿寡母，难免受到邻里和亲戚的冷落和怠慢，在家族中也没有了权威和地位，说话的份量也变得很小。没有了父亲的吴浩青也常常受到同辈劣童们的嘲笑和欺凌。吴浩青就是在这样的一种环境中度过自己的童年。随着年龄的增长，他越发深刻地感受到来自邻里四周、叔伯亲戚对自己和家人的轻视

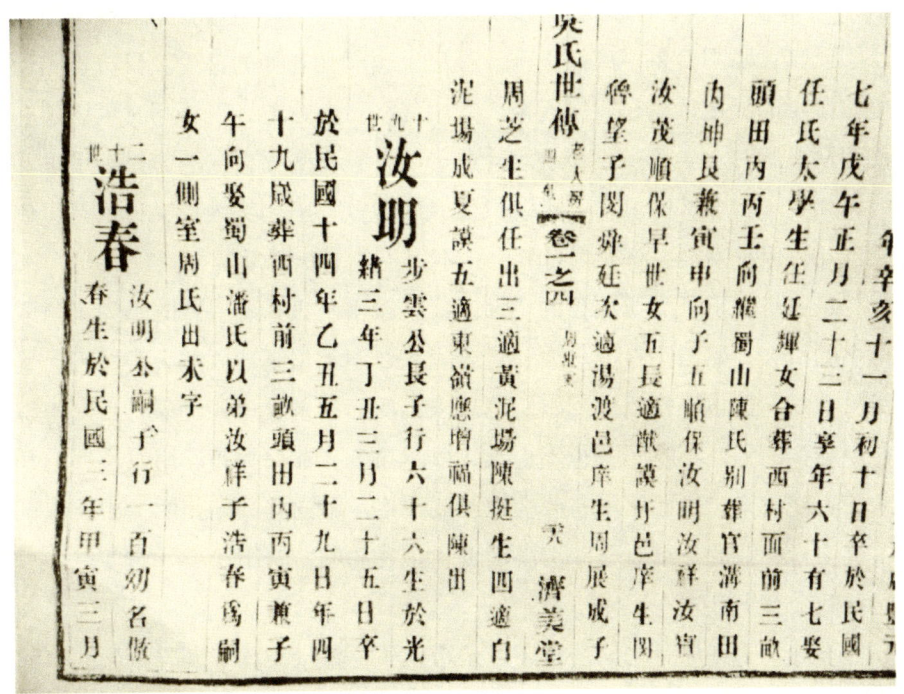

图1-1　吴浩青家谱

第一章　家世与少年　　13

和不屑，这种轻视和不屑深深刺激了他幼小的自尊心，并让他从心底产生一种极为强烈的出人头地的愿望，他要振兴家门、要功成名就、要超过身边所有的人，让曾经轻视自己的人惭愧，要成为人上人。

幸运的是，吴浩青有一位个性刚强的母亲。吴父去世后，母亲陆珍一个人挑起了抚养小浩青和他姐姐的全部责任。她勤勤恳恳地经营家中几十亩的土地和少量的房产，维持一家人的生活。吴母一人既要打理家务，照料子女的生活起居，还要经营田地里的春耕秋收，着实非常不容易。吴浩青是家中唯一的男孩，吴父过世后，吴母便把振兴家门的希望全部寄托吴浩青的身上，对他的要求也十分严格。吴母要求浩青好好读书，以便日后出人头地，常常教训吴浩青说："你不好落人之后，吃尽苦中苦，方为人上人。"母亲的话语对吴浩青的影响极为深远，上世纪五十年代吴浩青回忆自己的母亲时，对母亲要求自己刻苦上进、出人头地的教诲印象仍极为深刻。

由于家庭经济紧迫，为了留下足够的钱供吴浩青上学，吴母不得不要求女儿，即吴浩青的姐姐辍学家中。姐姐本是聪慧过人、生性活泼、热爱读书，那时时代风气已开，不少女孩子到学校上学。姐姐在城北一所新式小学就读，聪明伶俐，成绩优秀，在班上也颇受老师的喜爱。吴母作出让姐姐辍学的决定，也是实属无奈，家中经济日渐窘迫，无法同时供姐姐和浩青两人同时上学。受到传统观念的影响，吴母坚信，吴浩青是家里唯一的希望，不管多么困难，一定要供他完成学业，出人头地！吴母虽然也疼爱女儿，但是家中经济能力有限，她不得不让女儿辍学。

姐姐也秉承了吴母倔强的个性，让其辍学是极其不愿意的。为了争取读书的机会，姐姐跪在吴母面前苦苦哀求，声泪俱下，以至大声哭闹。吴母虽心痛，但也不曾松口。姐姐的哀求，反而招来吴母的训斥。后来姐姐在家绝食三天，不吃不喝也不说话，以示抗争，吴母尽管心里哭泣，但却未曾表现出来，也始终没有改变自己的决定。就这样，姐姐的退出，保证了吴浩青学业的继续。这一切吴浩青也记在心中，暗下决心一定要努力学习，做个有出息的人！

不过，毕竟那时的吴浩青还只是个孩子，贪玩犯浑、调皮捣蛋的事情也时有出现。常常趁着母亲不注意，溜到附近的小河浜捉小鱼虾，有时还将家里干农活用的簸箕偷偷拿出来当作捕鱼的工具，回来时往往是一身泥水，少不了挨母亲的一顿训斥。有一次，他在田边的小路上挖了个"陷阱"，大约是二三十厘米深的小坑，上头细细地覆盖上树枝和沙土，用来捉弄人。做好陷阱后，小浩青便藏在边上草丛里，等待倒霉鬼来中陷阱。很快，果然有两个小毛孩追逐着冲了过来，小浩青心中窃喜，紧张地期待着看他们踩空出洋相的样子……结果前面一个小毛孩可能跑得快，在陷阱上踩了一脚居然没动静，正在纳闷之时，后面那个倒霉蛋跑得慢，一脚踩到，就啊地一声陷进去，叭叽扑倒在地，啃了一嘴的泥！这下小浩青乐了，跳出来对着这个倒霉蛋笑弯了腰。这个小毛孩愣了一会儿，就开始哭，而且哇哇地越哭越大声，哭着哭着就转身回家告状去了。小浩青有点慌了，一溜烟跑回去了。回去之后，吴母又气又恼，恨吴浩青不上进，在外面惹是生非。结果晚上吴浩青结结实实地挨了母亲一顿揍。

每当吴浩青犯了错误，吴母总怀着恨铁不成钢的心情，十分严厉地教训这个寄托自己全部希望的儿子。不过吴母生性要强，为了不让邻里看笑话，也不至于让吴浩青太难堪，她很少白天教训吴浩青，一般总是到了晚上才关起门来教训。吴母总是告诫浩青务必勤恳努力，走在他人的前面，绝对不可以落后于人。吴浩青承载了这位命途坎坷的母亲的全部希望，随着年龄的增长，吴浩青渐渐对母亲的期望、对自己和家庭的处境有了明确的认识。可以说正是这位倔强而坚强的母亲，塑造了吴浩青强烈的上进心和不服输的精神头，并化作刻苦学习的强大动力，使得年幼的吴浩青便在同辈中脱颖而出、显露头角，赢得村里人们的普遍赞扬。也正是母亲的艰难操持，才使得吴浩青能够在日益衰微的家庭条件下顺利地完成学业。

辗转周折的小学和初中

7岁的时候，吴母将小浩青送到小圩村的私塾读书，接受启蒙教育。尽管时代已经发生了剧烈的变化，但是这小圩村的私塾依然是旧式学堂，

图1-2 东坡书院

大约有十平方米大小,略呈正方形,有十来张大小不等的课桌,十几个孩童学生,都是小圩村的孩子。私塾正中的桌上供奉着"大成至圣先师孔子"神位木牌,桌边有一摞待批阅的大字本,文房四宝置于桌上。私塾里只有一位先生,是当地前清时的秀才,身材高瘦,有点驼背。民国以后,他仍然戴着瓜皮小帽拖着小辫子。吴浩青到私塾后,跟着这位古板的先生用宜兴口音的吴语,咿咿呀呀地读着《三字经》《千字文》,偶尔也学一点算术和算盘的使用。

在私塾呆了将近一年,吴母觉得私塾教育终究过于疏浅,现既无科举,私塾先生所教,将来也没有太大的用处,再待下去也是徒耗光阴。于是,在吴浩青8岁那年,吴母带他到宜兴城北小学就读。这所小学在县城,距离小圩村三十多里地,当时交通并不像今天这么快捷,从县城到小圩村来回一趟并不容易,到县城就读意味着小浩青得离开母亲的照顾,离开熟悉的生活环境。对此,吴母心中也多有不舍,但这是吴母能给小浩青提供的最好的教育条件。吴浩青的一位姨夫在这所小学任教,于是小浩青便寄宿在他姨夫和姨母家。城北小学是一所洋学堂,是外国传教士办的。这所学校比较重视体育,在吴浩青的印象中,在操场上活动的场景是很多的。吴浩青插班到二年级就读,在这里呆了两年,读完了初小,相当于现在小学三年级。

初小结束后,吴浩青转回到离家六里地的东坡小学读高小。东坡小学具有悠久的历史渊源,它的前身最早是宋代文豪苏东坡在宜兴建立的东坡书院。东坡书院是典型的江南园林。今天的东坡书院大门是1982年新修的,"东坡书院"四个字是当代著名书法家舒同题写的。当年吴浩青来到东坡小学时,抬头看到的匾额是"东坡学校",是清代翰林唐文治题写的。

走进东坡书院,首先是一个小巧精致的东园。东园有一条青砖小径,在小径的右侧小坡上,是千姿百态的假山,假山下方有个水池,池中有巨石,如卧水之牛,所以称为"石牛池",是当年书院学生读书、玩耍的好去处。过了东园则为泮水桥。桥下池水清洌明澈,终年不竭,池中有一条"石鱼"潜入水底,寓意"鱼跃龙门",金榜及第。

图 1-3　东坡小学石牛池

　　吴浩青进入东坡小学读高小时,东坡小学的教学课程中最重要的是国文,但是国文课的教学方式和教学内容已经按照民国教育部的要求进行了改革,不再要求学生读经,改用白话文教学。教学的目的强调学以致用,要求学生掌握一定的语言应用能力,为进修高深文字打下良好的基础,并注重培养学生的德性,启发想象和思考,激发读书的兴趣。其中很重要的一点是强调"学官话",即要求老师和学生讲北方的官话,而不能仅仅讲宜兴吴语。吴浩青讲官话也是从进入东坡学校后开始的。紧接着国文的是算术课。算术课要求学生掌握整数、小数、分数、比例等的运算,以及算盘的使用。此外还有理科,教授植物、动物、矿物、及自然现象等方面的知识,还需要上一些历史、地理、手工、图画、修身、农学、体操等课程。

　　东坡小学的国文老师对学生的写字要求尤为严格。前人认为,字如其人,字迹端正,可以塑造学生的正直品性。字写不好是要挨老师的板子的。吴浩青写字尤为认真,拿着毛笔神情严肃、端端正正、一笔一划地写,从不潦草。可能是这一时期打下的基础,吴浩青在后来的学习、工作中,对待书写都极为认真。从保留下来的吴浩青手稿中看到,不论是早期的毛笔字迹,还是后期的钢笔字迹,都十分工整清秀,他的学生颜达予后来回忆在吴浩青门下求学经历时，对吴浩青在黑板上写着"很漂亮的字"，印象尤为深刻。

吴浩青天资聪慧，受到母亲的鞭策，又极为勤奋，学习成绩突出。宜兴地区的教育界精英、宜兴县立中学的钱凤绾老师十分欣赏和器重这位品学兼优的学子。到了高小毕业的时候，钱凤绾认为吴浩青掌握的知识已足以直接进入初中二年级，而不必再浪费时间学习初一的课程。钱凤绾给了吴浩青一张南京私立钟英中学的肄业证书，让他投考宜兴县立中学初中二年级。吴浩青成功被录取了。

这样，1927年9月，吴浩青进入宜兴中学上初二。

县立中学的课程教学中，以国文、英文和数学为主，其他还需上物理、化学、生物、历史、地理等课程。初中三年制，生物课安排在初一，化学课安排在初二，物理课安排在初三。吴浩青直接就读初二后，除了国文、英文和数学三门课外，化学是最重要的一门课程。不过，实际上由于政局动荡，吴浩青的初中教育是比较坎坷的，只上了不到一年的初二，初一和初三都没有上，而从上述县立中学的课程安排看来，吴浩青可能较为完整地接受了化学的入门教育，而物理和生物则要到高中之后，才开始学习。这可能直接导致吴浩青高中化学成绩相对优秀，并逐渐在心中形成对化学的偏爱情节。

吴浩青直接跳级到初二，当时县中的一位杨教务主任对此心里颇为不满，他觉得吴浩青这么个乡下小子何德何能一下子跳到县中的初二？于是他对吴浩青说，你要是期中考试不及格，我就让你退回初一去。吴浩青心里很紧张，只得更加努力，勤勉学习，平日里碰到杨主任连头都不敢抬。不过，待到期中考试成绩出来，吴浩青每一门成绩不仅及格，而且还都不错，吴浩青顿时信心满满，也长长地松了一口气[1]。

吴浩青到县立中学，尽管受到钱凤绾老师的厚爱，但是和同学们的相处并不十分愉快。由于在宜兴县立中学读书的学生，多半是城里的富家子弟，他们看不起吴浩青这个乡下来的穷小子，经常用"乡下人"来揶揄取

---

[1] 胡铁军：《百年苏中》卷一《三元春秋》。苏州：苏州大学出版社，2005年，第94-95页。

笑浩青。一开始浩青尽量避免和这些目中无人的富家子弟们交往，并打心底厌恶这些仗势欺人的小崽子们。不过，这些人并不就此放过吴浩青，总是三五成群、嘻嘻哈哈地指着吴浩青喊"乡下人！乡下人！"对于这段经历，吴浩青后来回忆到："从小在家里受尽了族内其他亲戚的欺辱和白眼，如今上中学又受到同学们的鄙视，一股强烈的自尊感，在长期受欺凌的压抑下突然迸发，成为奋发向上的强大推动力。我决心在学习上和这些人先比个高低。"此时的吴浩青经过一番卧薪尝胆般的努力后，在第一次月考中，完败那些自以为是的富家子弟们，并和其他几个"乡下人"一道提出抗议：不许叫我们乡下人，一定要叫"乡上人"[①]。

然而，吴浩青在宜兴县立中学的时间很短暂。1927年秋天，刚刚入学不久，宜兴便发生了一场农民运动，并且直接导致宜兴县立中学被封。1927年4月蒋介石发动反革命政变后，中共决定在各地发起秋收起义。宜兴秋收起义由万益等5人组成领导小组，并在11月1日发动了一场声势浩大的起义，并一度建立了革命政权。而发生于10月10日双十节的农民运动，实际上是宜兴秋收起义的前奏。

这一年的双十节上，国民党县政府组织游街庆祝活动，宜兴县立中学也组织学生参加庆祝。这时，共产党发动农民开展"二五减租"请愿，也组织农民上街游行。农民请愿的队伍混杂在学生庆祝游行队伍中。一开始还是充满喜庆的歌颂国民党的游行活动，之后队伍中突然有人喊出"打倒土豪劣绅、打到贪官污吏！"的口号，大伙先是一愣，随后喊这样口号的人马上多起来，游行队伍的节日喜庆气氛一下被打散，气氛开始变得紧张起来。游行队伍中的不少人情绪激昂，部分学生的情绪也被感染，"打倒土豪劣绅"的口号便此起彼伏，庆祝游行变成了抗议示威。等游行队伍到了国民党县政府门口时，游行队伍中响起了枪声，示威游行又演变成了农民起义。一下子游行队伍全乱了，人们四下逃散开去。街上人群混乱，小浩青拼命挤了一个多钟头才慌慌张张地跑到南门回到学校。

起义队伍打死了县政府门口的卫兵，国民党县长惊慌出逃，农民队伍

---

① 吴浩青：《逆境》。见：北京大学中国名人丛书编委会主编：《苦涩的梦》。北京：北方妇女儿童出版社，1990年，第131页。

第一章　家世与少年

占领了县政府。这一天,起义农民组织的小分队,分头逮捕了民愤极大的地主豪绅,还抄了他们的家,烧毁了部分田契债据,没收了部分财产。第二天一早,镰刀斧头的红旗便高高升起在县党部所在的中央台上。

宜兴县立中学有好几位老师是共产党员,比如校长史乃康、美术老师丁丁、英语老师周倩伯等。吴浩青还亲眼看到美术老师丁丁连续枪毙了好几个地主豪绅。但是很快,国民党从无锡开来军队,起义被镇压,县立中学被军队封住大门,参与起义的几位老师被逮捕,后遭枪决。吴浩青和他的表弟(同学)储顺基从学校的铁丝网下钻了出去,逃到显清寺避乱,结果又被庙里的和尚赶了出来。这时候附近已经聚集了好几个跑出来的学生。他们一起向西奔逃,路上还遇到了好几百人的农民军队打着旗从城里跑出来,半蹲着向城西的一个村庄跑去。前面有密集的枪声,农民军边跑边还击。吴浩青和几个同学慌忙躲进附近的一个草塘中,一直等到天色渐暗,军队远去,枪声平息,才起身摸到南门外的一个亲戚家里。①

这次农民起义对吴浩青幼小的心灵产生了极大的冲击。吴浩青后来回忆道:"如果说刚进县中那阵'乡下人''乡上人'的幼稚之争的胜利,给了我要取得胜利必须具有真本领这样一个朦胧的印象的话,那么经过这次农民和土豪劣绅的较量,则更加深了这个印象,由朦胧至深刻难忘。受尽欺压剥削的农民,不是凭借他们真刀真枪的真本事,终于把骑在头上作威作福的土豪劣绅枪毙了吗?从此,要抬起头做个不受人欺凌的人则必须扎实地学点真本领的念头,一直鞭策着我闯过人生道路上一个又一个暗礁。"②

宜兴县立中学由于出了好几位共产党员,便被国民党政府查封了。吴浩青只好回家。从9月1日开学算起,到10月10日因农民起义学校被封,吴浩青在县立中学就读的时间仅仅40天。县立中学被查封,给宜兴的教育造成了严重的损失。当地的教育精英们十分焦急,与国民政府多次交涉无果后,1927年由当时宜兴教育界精英吕梅笙、程伯威、路洞曾、程叔远

---

① 胡铁军:《百年苏中》卷一《三元春秋》。苏州:苏州大学出版社,2005年,第94-95页。
② 吴浩青:《逆境》。见:北京大学中国名人丛书编委会主编:《苦涩的梦》。北京:北方妇女儿童出版社,1990年,第132页。

以及曾帮助吴浩青投考宜兴中学的恩师钱凤绾等 5 人决定创办一所新的中学，以拯救宜兴教育事业。他们首先在宜荆试院（今市政府招待所）创办"精一学社"。同年 10 月，学社扩展为私立宜兴精一中学，吕梅笙任校长。学校取名"精一"，是以《书经》"惟精惟一"的古训而命名。

精一中学成立后，吴浩青转入该中学继续读初二，入学时间是 1927 年的冬天。不过，吴浩青在精一中学呆的时间也不长，到了次年的暑假，勉强算修完初二的课程，精一中学便给他颁发了初中毕业证书。因此，前后算起来，吴浩青的初中实际上只有在宜兴中学的四十天，加上在精一中学大半年的时间，前后不到一年的时间，且修读的都是初二的课程。

好在吴浩青聪敏明过人，加上学习刻苦，初中的颠簸并未造成太大的影响。1928 年秋，吴浩青便拿着初中毕业文凭，报考高中，而且是全国闻名的苏州中学。

英杰汇集的苏州中学

1928 年 9 月，只读了不到一年初二的吴浩青凭借自己的刻苦努力，考上了著名的苏州中学。

苏州中学在其悠久的历史上素以名师众多、人才辈出而著称。文史学者罗振玉、王国维，史学家钱穆、吕思勉，文学家吴梅，语言学家吕叔湘，美术家颜文梁，人口地理学家胡焕庸等先后在此执教。所谓"桃李门墙多俊彦"，苏州中学也培养了大批的文化名人，诸如文学家教育家叶圣陶、史学家胡绳、历史地理学家顾颉刚、版本目录学家顾廷龙、科学家钱伟长、美籍华人物理学家李政道、地理学家吴传钧、生物力学家冯元桢等等，使得苏州中学久负盛名，在中国教育史上占有重要地位。

吴浩青进入苏州中学的时候，恰值苏州中学合并成立的第二年。校长汪懋祖早年留学美国，师从著名实用主义哲学家、教育家杜威（John Dewey）。杜威的实用主义教育理念对汪懋祖产生重大的影响。汪懋祖主张"教育源于生活,而改造生活",教育应当注重培养学生的改革社会、参与群众事业的活动能力。在这种教育理念引导下,苏州中学非常注重培养学生的社会使命感和责任感。由于校长汪懋祖努力招揽天下贤才来苏中任教,苏中的师资队伍进入一个鼎盛的繁荣时期。国文首席教员沈昌直、钱穆,英文首席教员王士倜、吕叔湘、沈同洽,生物首席教员吴元涤,数学首席教员王刚森等一大批教师都是才华横溢的青年俊杰,其中有不少还曾担任过大学教授。这些教师是苏州乃至江苏省内一时之选,当时苏州中学堪称人才济济,雄冠江苏教坛。

9月,吴浩青拜别母亲,来到苏州中学报到。苏州中学的高中部在三元坊,位于苏州的市中心,清朝的江苏巡抚衙门就在旁边。初来乍到,面对苏中这个全新的学习生活环境,吴浩青心中十分激动,在充满憧憬的同时又略带紧张。他在苏中转了一圈,发现校园并不算宽阔,道山亭是校园的制高点,登上之后便可俯瞰全校风光,北有碧霞池,南有春雨塘,中间小河相连,还可通小船,池畔垂柳招拂,山上古木成荫,景色别致而优

图1-4 20世纪30年代的苏州中学校门

美。吴浩青顿时喜欢上这个幽静而视野开阔的道山亭,之后的三年里,他常常到这里大声读英文,身心舒畅。全校最大的一座建筑,是旧府学尊经阁改造成的二层大楼,是一座典型的中国古典建筑,楼上为音乐和图画教室,楼下为大礼堂,每逢周一早晨,全校师生就会在这里集会,由校长或者社会名流发表讲演。尊经阁北面是学校的大操场,吴浩青看到有几个人在跑步,操场中间的足球场上有一队人正在为刚刚的进球奔跑欢呼。看着眼前这美丽而生机勃勃的校园,吴浩青暗下决心,一定要下狠劲用功读书,做出一番事业来,不辜负母亲的期望。

开学之后,吴浩青发现他面临的挑战要比预想中的严峻得多,苏州中学毕竟是名校,其课程要求和竞争的激烈程度也远非宜兴县立中学和精一中学能望其项背的,首先遇到的问题,就是英文。

苏州中学所用的理科教材,除了生物学是本校吴元涤先生自编课本外,其余如数学(包括三角、高等代数和解析几何)、物理、化学、生物等,全都是英文原版教材,这给吴浩青带来极大的压力。

表 1-1 苏州中学高中普通科自然科学组教材[1]

科 目	课 本 名 称	著者姓名
平面三角	Plane Trigonometry《平面三角》	Smith Wentworth
立体几何	Solid Geometry《立体几何》	Sdultze Sevenok Shuyler
高等代数	College Higher Algebra《大学高等代数》	Wentworth Hawkes
解析几何	Analytic Geometry《解析集合》	Smith Gale Neelley
微积分	Calculus《微积分》	Osbovne
球面三角	Spherical Trigonometry《球面三角》	Wentworth
普通物理	Gorton High School Course Physics《哥顿高中物理课程教材》	
高等物理	General Physics《普通物理》	
普通化学	Elementary Chemistry《基础化学》	Mcpherson and Henderson
高等化学	General Chemistry《普通化学》	Holms

---

[1] 苏州中学校史编委会:《苏州中学校史 1035-1949》。苏州:苏州大学出版社,1999 年,第 140-145 页。

由于吴浩青的初中教育颇多周折，英文底子相对薄弱，因此刚开始的时候，吴浩青感到相当吃力，课本一眼望去，全是一行行的生词，几乎都要靠挨个查字典阅读。一页纸读下来，已经布满密密麻麻的注释了，可以想象，当年吴浩青要读完这些外文教材得下多大的功夫。教高一普通化学课的是化工科主任王葭舲，教材是全英文的美国教材 Elementary Chemistry（《基础化学》），学生们读原文都显得十分吃力。这位王葭舲老师为了帮助学生通过英文关，开始的两个星期是以教英文的方式按照课本一句一句地讲解。之后，就完全放开课本，他讲他的，阅读课本，就是学生们自己的事情了。不得已，下课后吴浩青不得不花大量的时间去学习英文。吴浩青记得，王葭舲老师上课态度从容，总是面带微笑，对学生说话语气温和，从不疾言厉色。可是学校里流传着关于这位和蔼可亲的老师的教学原则：要是上课三次答不上他的提问，这门课就不要想及格了。因此，班上的同学都养成了预习的习惯，答不出问题的情况还是比较少的。王葭舲老师讲课深入浅出，能将一般视为枯燥的科学内容讲得津津有味。高二时，吴浩青又上了他的高等化学，用的教材也是美国教材 General Chemistry（《普通化学》），后来他发现，这本书原来是大学化工系一年级的教科书。

吴浩青高一时英文课的任课老师是沈同洽。沈同洽与吴浩青的师生缘份匪浅，后来吴浩青在浙江大学和蓝田师范任教时，还与沈同洽成为同事。沈同洽这年 26 岁，国立东南大学英文系毕业，个性独立，才华横溢。多年以后，吴浩青仍然记得沈老师当年上课的情景。沈同洽总是将头发打理得整齐油亮，一丝不乱，带着圆边眼镜，穿着长衫走进教室。他上课气氛是十分活泼而又紧张的，走进教室，翻开课本，立刻进入教学的情景，意气昂扬，情绪激动。上课的教材是《高中英文选》，他是这本教材的编委之一，上课时讲到他自己建议选入或者经过他撰写简介注释的文章，则更加眉飞色舞，得意非凡。沈同洽上课除了讲课本的内容外，还喜欢广泛地联系时事新闻，幽默风趣，常常引起哄堂大笑。沈同洽时间观念很强，不管讲得多么投入，下课铃声一响，立马止住情绪，收拾仪容，大步走出教室，成为地道的绅士了。受到沈老师的感染，吴浩青对英文的学习兴趣变得十分浓厚，每天早上很早起来读英文。吴浩青工作后，也坚持读英文，一直到晚年，还每天朗读和背诵《新概念英语》第四册的文章。

吴浩青到高三开始做英文作文时，英文教师是吕叔湘。吕叔湘为我国语言学一代宗师，1929年暑假之后到苏州中学任英文教师。吕叔湘教学严谨认真，上课风格与沈同洽的风流倜傥大相径庭。由于词汇量有限，在英语作文时，吴浩青常常感到犹如茶壶里煮饺子，胸中有万言，却难以用英文下笔，只能勉强用掌握的词汇一句句生硬地写出来，结果文法不通者有之，前后脱节者有之，中式英语更有之，吕叔湘先生对作文的批改十分仔细认真，往往只见他删了几个词或者添几个词，整个句子顿时改观，文法通畅，像个英文句子了，真是妙手回春，点石成金，使吴浩青受益良多。

当时苏州中学的教学制度，与当今的大学更加接近。学生并非固定在一个班级上课，而是根据学校制定的培养方案，结合自己的兴趣爱好，各自选择要上的课程。苏州中学的高中分为普通科和师范科，普通科又分为自然科学组和文史地组。两组之间的选课要求也各有不同。高一没有分文理，到高二时，普通科的学生才开始分自然科学组和文史地组，这时选课的要求又有所不同。吴浩青由于在精一中学接受过化学启蒙教育，再经过高一一年的普通科的学习，对化学的兴趣愈加浓厚，高二分班时，自然选择了自然科学组。

表1-2 高中部普通科必修学程表及学分

	高一上	高一下	高二上	高二下	高三上	高三下	共计
公民与三民主义	1	1	1	1	4	4	4
国文	5	5	4	4	4	4	26
英文	5	5	5	5			28
立体几何	3						3
高等代数		3	3				6
世界史	2	2					4
本国文化史			2	2			4
世界地理			2	2			4
人生哲学					2		2
生物学	3	3					6

续表

	高一		高二		高三		共计
	上	下	上	下	上	下	
普通化学			3	3			6
普通物理	3	3					6
体育与军事训练	2	2	2	2	2	2	12
总计	24	24	22	19	12	10	111

这部分是普通科学生必修课程，包括自然科学组和文史地组。

表1-3 自然科学组必修课程

学程	年限	学分	预修课程
物理	1	4	
化学	1	5	
分析化学	1/2	3	
高等物理	1	4	
有机化学	1	4	
高等代数	1	6	初等代数
解析几何	1	4	高等代数、立体几何
微积分	1	4	高等代数、立体几何
植物学	1/2	3	
动物学	1/2	3	
矿物学	1/2	2	

注：物理为每周授课3小时，实验2小时；化学为每周授课4小时，实验2小时；分析化学每周授课2小时，实验2小时。

在课程的安排上，苏州中学强调的是宽广的知识面，用现在的教学理念来说，就是通识教育，并不强调主科副科的区别。当然学生可以对自己喜好的科目多下些功夫，有所侧重，任课老师也乐于解答问题。这种宽口径、厚基础的教学方式，给苏中的学生，也给吴浩青打下扎实的学科基础。在吴浩青日后的电化学研究中，他十分强调物理和数学对于研究电化学的重要作用，应该说，这与他在苏中打下的基础是密不可分的。

身处名校苏州中学，周边的同学也都不是平庸之辈。吴浩青很快发现周围的同学学习都十分刻苦，老师虽然很少布置习题作业，但是同学们都很自觉地做了大量的习题，学习上的专注和勤奋比在宜兴的同学要强得多。他意识到"山外有山，人外有人"。为了不落人后，吴浩青强迫自己改变原有的生活习惯，每天早上晨曦微露，便一骨碌跳下床，用冷水洗脸，清醒一下头脑，便跑到校园树荫曲径处，开始读书。晚上自习结束后，还偷偷在路灯下，借着微弱的灯光，继续学习。

俗话说"上有天堂，下有苏杭"，苏州自古便是文人雅士遨游揽胜、吟诗会友的名胜之地，巧夺天工、优雅别致的苏州众园林、俯仰可拾的文人墨客的诗文佳句等等，构成了天上人间的胜景。对于外地来的同学而言，苏州真是一个妙不可言的游览胜地，对于吴浩青来说，也是一样的。周末同学们都纷纷出去游玩，吴浩青为了能够攻克英语关，迎头赶上，自己默默地在教室里边查字典边读化学，较一般同学付出更多的汗水。这样，经过一学期的艰苦努力，读原版书的"英文关"基本闯过去了。二年级时，读物理原版书也不太费劲了。至此，吴浩青初步尝到了成功的滋味，心理上的压力也减轻了许多。在苏州中学的第一年里，几乎全部的时间和精力都投入到学习中。

在苏中，学生的学业成绩并非单纯按照期末考试成绩，而是综合平日成绩、临时测验和学期考试三种决定。平时成绩占40%，临时测验占30%，学期测验占30%。最终的成绩是三部分合并在一起决定，分为甲乙丙丁戊五个等级。吴浩青经过一年的刻苦奋斗，成绩有了很大的进步，他喜好的化学等科目拿到了甲等，其他科目的成绩也很漂亮。

在苏州中学就读期间，尤其在第二年学习成绩稳定之后，吴浩青有一个爱好，就是抓黄鳝。放暑假回到宜兴后，常常夜里一手提着小油灯，一手提着个喇叭状的竹篓子，跑到水田里下篓抓黄鳝。他晚上小心地将竹篓插到田里，第二天一早再来把竹篓取出。有一次拉起竹篓竟有沉甸甸的三四斤重，一开始还当心是不是兜到蛇了，赶紧跑回家，往空地上一倒，竟有十几条鲜活的黄鳝，这下可真是乐坏了。吴浩青平日最爱吃黄鳝，这下自己动手杀、自己烧，品尝自己捕获的美味，真是其乐无穷。不过用竹篓一般只能抓到小的黄鳝，善于观察的吴浩青发现，那些大黄鳝都喜欢躲藏在水田的小洞穴内，只能用钩钓。钓黄鳝可不是件容易的事情，得区分好黄鳝洞和蛇洞，否则可能就钓上来蛇了。每当看书疲劳时，吴浩青就跑

图1-5 1987年吴浩青访母校时在道山亭留影

到水田边钓黄鳝。经过观察他发现,黄鳝洞口光滑密致,而蛇洞洞口则土质粗而疏松,另外黄鳝也如狡兔三窟,往往有好几个备用逃生洞口,因此需要先将其他洞口堵上,才能钓到大黄鳝。夏日里钓黄鳝,不仅可以改善伙食,也给吴浩青带来无限的乐趣[①]。

在吴浩青的印象中,苏州中学的教育,不仅在学业上的要求标准很高,而且注重培养学生的公德心、责任感、使命感以及语言、艺术品味、社交等综合素质。这集中表现在苏中1929年12月颁布的《苏中学生修养十条》:勤学业、勇服务、守纪律、重卫生、尚公德、谨态度、习言语、能思想、富兴趣、修社交。吴浩青就读期间,苏中曾在多种场合强调修养十条。苏中的教员不仅教学水平出色,综合素质往往也是很高的,能够以身作则,言传身教。

1931年吴浩青高中毕业时,苏州中学举办了一次毕业文娱晚会,师生同台表演京剧《捉放曹》,社会科学首席教员杨人楩扮演曹操,学生王凯基(后成为复旦大学生物系教授)扮演陈宫,晚会上那种师生之间融洽的气氛和热情洋溢的演出场面令吴浩青终生难忘。

今天的苏州中学,道山依然矗立在那里。道山是一座土山,相传是吴

[①] 吴浩青:《逆境》,见:北京大学中国名人丛书编委会主编:《苦涩的梦》。北京:北方妇女儿童出版社,1990年,第135页。

越王钱氏掘池垒土堆成的山。山顶有一座亭子，便是道山亭。据吴浩青回忆，当年就读苏中时，每天早晨必到道山亭读书。道山亭晨读成为吴浩青苏中生活一天的开始。道山上花草满坡而又多树，有梅、桃、枫、梧桐等，其中以柏为最多。春夏时节，万木向荣、奇花竞秀；秋冬肃杀，松柏葱郁、苍翠欲滴。亭内后墙上嵌有明代大学者周敦颐的石刻遗像，像的上方有"风光霁月"的狭长横碑。在这样优美清净而兼备浓郁文化气息的山亭中读书，想来是件十分惬意之事。1987年，吴浩青先生回母校苏中，特地来到道山亭，故地重游。吴老追忆当年，朗朗晨读声仿佛还在耳畔，对这段时光回味无限。

第二章
浙大求学

考入浙江大学

1931年9月，18岁的吴浩青考入了国立浙江大学化学系。

抗战期间，国立浙江大学曾被称为"东方的剑桥"。这一赞誉是英国科学史家李约瑟博士在1944年提出的。李约瑟以英国驻华科学考察团团长的身份，两度考察了西迁遵义的浙江大学，对浙江大学在抗战的艰苦条件下形成浓郁的学术氛围和研究水平十分赞叹，称"在重庆和贵阳之间的小城遵义，可以找到浙江大学，是中国最好的四所大学之一……在那里不仅有世界一流的气象学家和地理学家竺可桢教授，有世界一流的数学家陈建功、苏步青教授，还有世界一流的原子能物理学家卢鹤绂、王淦昌教授。"[①]李约瑟热情洋溢地称赞浙江大学为"东方的剑桥"，这一提法也为浙江大学的师生校友们所津津乐道。

---

① 李约瑟:《战时的中国科学》。重庆: 开明书店，1944年。转引自吴英杰、张钢: 抗日战争时期浙江大学的科学研究。《自然辩证法通讯》，1996年第2期。

图 2-1　30 年代的国立浙江大学校门

但实事求是地讲，吴浩青考进浙江大学时，浙江大学尚处于发展的初期，只是一个地方性大学[①]，其办学实力无法与后来竺可桢执掌时代相比，也很难与当时的北京大学、中央大学等名校相比肩。吴浩青入学时，国立浙江大学刚刚改组不久。浙江大学的前身是 1897 年成立的求是学堂，后改名为浙江高等学校。1927 年国民政府在浙江高等学校的基础上成立了第三中山大学。次年国民政府推行大学区制受挫，便将全国四所中山大学按照所在省份命名，于是第三中山大学改名为浙江大学，是为浙江大学正定校名之始。之后第三年，吴浩青便考入了浙大，而此时的浙大尚处于发展的起步阶段。

民国早期的高校招生方式是"自主招生"，各个高校自行办理考试录取工作，因此学生们就需要到各地"赶考"，到不同大学的考试点参加考试，有些学生一口气赶几个城市、考四五个学校也不足为奇，不同学校的招考时间上还时有发生冲突。吴浩青当年参加了几所高校的招生考试现在

---

① 李曙白、李燕南等，编著：《西迁浙大》。杭州：浙江大学出版社，2007 年，第 5 页。

已经不得而知，无从考证，只知道 1931 年浙江大学在上海设置了招生考点，吴浩青是到上海参加考试的。这一年浙江大学总共的招生名额 270 人，3 个学院 15 个系，文理学院 6 个系招 80 人，工学院 4 个系招 130 人，农学院 5 个系招 60 人[①]。

浙江大学档案馆保存了一份吴浩青的大学成绩单，其中也登载了吴浩青入学考试的成绩，见表 2-1。

表 2-1　吴浩青考入浙江大学的成绩单

党　义	48	物理	36
国　文	25	化学	74
英　文	27	历史	—
高等代数三角	77	地理	5
解析几何	50	生物	41
总　平　均	42.55		

国民党形式上统一全国以后，开始逐步加强对高等教育的意识形态控制。1928 年，国民政府颁布了《大学规程》，收回高校课程自主设置权，要求各大学和独立学院将党义、体育、军训和外国语作为学生的必修课。此后，国民党党义和军训这类政治色彩极为浓厚的课程被强行塞入大学的课程体制中[②]。因此，吴浩青当年入学考试中，也包含党义科目的测试，主要是关于三民主义的教条内容。不过，吴浩青当年参加入学考试的时候，高校还有自主招生的权力，国民政府教育部尚未设置统一的命题标准，入学考试的试题是由各个高校的教授自主命题。当时不同高校的要求差别很大，有些高校招生考试的命题忽略了中学教育水平，与中学教育脱节，导致试题难度过大，学生应考成绩普遍很低，学生被录取难度很大[③]。

吴浩青考得最好的科目是数学和化学，这得益于苏中的优良的教学

[①] 何季民：《淘纸——说不尽的人生考场》。北京：昆仑出版社，2012 年，第 45 页。

[②] 潘懋元，主编：《中国高等教育百年》。广州：广东高等教育出版社，2003 年，第 168-169 页。

[③] 高耀明：民国时期高校招生制度述略。《高等师范教育研究》，1997 年第 4 期。

质量，苏中的化学教学内容实际上已经是大学一年级的水平，比一般中学的教学质量要好得多。吴浩青自己对化学有一种特别的情节，数理化主课目中化学的启蒙教育接受得最早，苏中读书时，在化学科目上投入的时间和精力也是最多的。凭吴浩青苏中毕业时所掌握的化学知识，参加浙大的入学考试是游刃有余的。国文和英文的试题难度很大，不少教会学校毕业的学生英文成绩都不高。翻阅保存在浙大档案馆的录取考生的成绩单，发现吴浩青的入学的化学成绩是当年的最高分，数学的成绩也名列前茅。国文和英文属于平均水平，总体的平均成绩在录取的考生中仍属于上等水平。

图 2-2 浙江大学文理学院

1931 年 8 月底，吴浩青起身前往杭州。吴母看着自己含辛茹苦带大的孩子即将再度远赴他乡求学，心中欣慰，又难免伤感，眼中带泪。欣慰的是，吴浩青终于学有所成，没有辜负自己的期望，考上大学，相信将来是有出息的，这么多年的辛苦也是值得了。吴母特地给儿子新买了一个咖啡色的竹制行李箱，崭新的行李箱刷着清漆，显得油光发亮，叫人欢喜。夏天换洗的衣服、入秋后的棉衣棉裤、帽子、围巾以及新买的一双黑色牛皮鞋，都由吴母齐整而结实地压在行李箱里。吴浩青的背包里，则塞满了苏中时的一些教材和资料，化学的、英文的、物理的、数学的等等，对于一个热爱学习的孩子来说，这些陪伴自己度过三年中学生活的课本和教材，是极有纪念价值的，他不舍得搁置在家，所以大老远从苏州带回老家宜兴后，又从宜兴带到了杭州。学校并没有给学生准备被褥，所以吴浩青还另外带了一床棉被。其他的生活用品就只好到杭州再另行购置了。这样，吴浩青右手领着清亮的行李箱，左手领着厚实的被褥，背上背着沉甸甸的教

第二章 浙大求学   33

材资料和其他生活用品，在母亲泪眼婆娑的送别目光中，远走杭州求学。从宜兴乘船，经太湖到湖州后，陆路南下杭州，一路颠簸，虽说路程并不算太远，但在当时的交通条件下，对一个刚高中毕业的少年来说，却也是十分不易的。

几经周折，吴浩青来到了位于杭州蒲场巷（现称大学路）的浙江大学，心中一阵激动。从校大门走进去，左侧为校部，右边是一个大操场。浙大设有三个学院：文理学院、工学院、农学院。进入校园不远处有条河，河对岸即是文理学院的大门，工学院在求是桥东边，农学院则在华家池。吴浩青是在文理学院下面的化学系。文理学院大部分在蒲场巷本部，但化学系在刀茅巷。

入学后的训导大会上，吴浩青第一次见到了当时的校长邵裴子。邵裴子是浙大第二任校长，在教育理念上他提倡开展"士流"教育，使学生具有"士"的高尚品格，使学生"自治、自尊、自重"。邵裴子在大会上情绪激昂地讲了很多关于国家前途和青年学生的使命的话，当时吴浩青深受感染，为之动容，心想自己将来是要成就大事业的，内心十分激动。

邵裴子掌校期间，呕心沥血为浙大谋发展，他延揽了大批的海内外人才，如数学家陈建功、苏步青、生物物理学家贝时璋、著名心理学家郭任远等。然而，这一时期师资力量短缺和资金困难仍严重制约浙大的发展。不少院系如中文系、经济系、史学与政治系等甚至一度因为缺乏合格的教师而停办或者降格为学门。邵裴子主张"士流"教育，但他的"士流"理念却常常因经费短缺而碰壁，有时甚至连教职工的工资都发不出来，苏步青就曾一度连续四个月领不到工资[①]。

吴浩青从1931年入学到1935年7月毕业，期间经历了邵裴子、程天放、郭任远三任校长的更替。浙大此间发展的不稳定由此可见一斑。郭任远掌校之时，因为个性过强、不能容人而造成大量教师的流失。郭任远离校后，教育家郑晓沧曾代为掌校一段时间后，经郑晓沧和陈训慈向国民党文胆陈布雷力荐，浙大迎来了著名的气象学家竺可桢。在抗日战争的艰苦

---

① 王玉芝，主编：《求是之光——浙江大学文化研究》。北京：高等教育出版社，2011年，第17–19页。

条件下，许多大学在频繁搬迁过程中，损失惨重，而唯独有浙江大学在竺可桢先生的带领下，从一所地方性大学迅速崛起成为国内顶级高校，成为"东方的剑桥"。1936年竺可桢上任之初，浙大仅有文理、农学、工学三个学院，16个系，教授、副教授70余人，学生512人；然而待抗战胜利回迁杭州之时，浙大已经发展成为拥有文、理、工、农、师范、法、医等7个学院，27个系，并拥有数学、生物、化工、农经、史地等5个研究所，教授、副教授人数是原先的3倍，达到210人之多，学生人数也增加到原先的4倍2171人。竺可桢上任时，吴浩青已经毕业，担任化学系的助教了。

大学里的生活和学习

在吴浩青高中毕业的时候，家庭经济已经很困难，而浙大的学费却并不便宜。吴浩青入学时要缴纳的费用包括学费、杂费、体育费、医药费、制服费、书籍费、讲义费等，合计125元，一年两个学期就要250元！[1]这对于一般的家庭而言，确实是一笔很大的负担。上世纪20年代初，北京的一个四五口人的劳动家庭，父母加两三个孩子或老少三代，每年伙食费132.4元，也即每月11元就可以维持了[2]，而在农村，1927-1929年间农民家庭一年的总收入是249.38元（需要支出262.68元，实际上收支难以平衡，更少有积蓄）[3]。吴浩青的父亲去世后，吴家就靠吴母一人艰难维持，家中仅有祖父留下的四十余亩田和少量房产，雇佣了一个长工进行耕作，是主要的经济来源。这些收入仅够吴家三口的日常支出，很难有节余。吴母平日里省吃俭用，将吴浩青和姐姐拉扯大，并为吴浩青留下了上

---

[1] 何季民：《淘纸——说不尽的人生考场》。北京：昆仑出版社，2012年，第45页。
[2] 陈明远：二三十年代北京的生活水平。《百姓》，2003年，第2期。
[3] 张东刚：20世纪上半期中国农家收入水平和消费水平的总体考察。《中国农史》2000年，04期。

中学的费用，着实不容易。吴浩青考上浙大后，学费难以筹措，吴母不得不典当部分田产，凑齐学费，并维持吴浩青在浙江大学的支出。这样维持了两年。吴浩青深知母亲的不易，平日里十分节俭，从不浪费，吴母曾给他买的新皮鞋，平时也一直没舍得穿，总是精心保存着，重要的节日才拿出来。脚下的布鞋，鞋头开了口，就到刀茅巷的修鞋老师傅那补补，袜子破了洞，自己打个补丁继续穿，不舍得买新的。四年间很少见吴浩青穿新衣服，一件浅灰色的外套洗得发白，袖口磨花了，很难再缝到一起，他想了想，就干脆将袖口往里卷，将磨花掉的部分卷到袖口里面，在外围再细细地并排缝上两圈，乍一看起来，还真看不出是补过的，不过毕竟因为袖口卷了一圈，因此再穿起来袖子就显得短了些，难免有些别扭，不过他并不在意，甚至为自己的创造性的手艺感到有些得意。假期回宜兴，吴母看到儿子如此节俭，不免心疼，总是要想办法给儿子买些新衣裳。平日里吴浩青也很少出去游玩。上有天堂下有苏杭，杭州和苏州一样也是风景名胜之地，但出去玩难免增加开销，吴浩青知道母亲不容易，周末大都呆在学校温习功课。每次吴母将辛苦筹集到的学费和生活费塞到吴浩青手上时，他的心里总是有点惴惴不安，他知道母亲为了自己，实在是付出了很多心血。到大三的时候，吴浩青开始在学校勤工俭学，在学校的图书馆整理书刊，每个月可以拿到 12 元的补贴，这对于一个学生来说是一笔不小的收入，至少可以应付日常膳食的开支和其他生活所需，也可减轻母亲的负担。后来大四的时候，在系主任周厚复先生的帮助下，吴浩青担任化学系的实验助教，每月学校发给的补贴比在图书馆还要丰厚些，学费和生活费的压力也减轻了许多。因此，吴浩青的大学生活，前两年是吴母典当田地维持的，后两年则靠自己的勤工俭学和老师同学的帮助下度过的。

浙江大学的课程设置注重培养学生扎实的基础。浙江档案馆保存的吴浩青大学成绩单，使我们今天能够较为全面准确地了解其在浙大所接受的课程教育。吴浩青在浙大接受的本科教育中，除了化学专业课程外，还包括经济原理、现代政治、西洋近代史、西洋文化史等人文社会科学等，吴浩青在这些课程中都取得较好的成绩，拓宽了学术视野，形成较为深厚的人文情怀。不过，在四年的大学生涯中，吴浩青最钟爱的，还是化学领域

表2-2 吴浩青大学成绩单

课程	第一学年 上学期 学分	第一学年 上学期 成绩	第一学年 下学期 学分	第一学年 下学期 成绩	课程	第二学年 上学期 学分	第二学年 上学期 成绩	第二学年 下学期 学分	第二学年 下学期 成绩	课程	第三学年 上学期 学分	第三学年 上学期 成绩	第三学年 下学期 学分	第三学年 下学期 成绩	课程	第四学年 上学期 学分	第四学年 上学期 成绩	第四学年 下学期 学分	第四学年 下学期 成绩
国文	2	60	2	60	初等有机化学	4	91	—	—	高等有机化学	3	86	3	92	物理化学	3	75	—	—
英文	2	65	4	60	定性分析	3	82	—	—	物理化学	3	68	3	未大考	军用化学	1	92	—	—
微积分	4	94	4	68	物理学	5	74	5	76	物理化学实习	1	67	1	64	军用化学实习	1	84	—	—
无机化学	4	83	4	77	高等微积分	3	74	3	65	高等定量分析	1	71	—	—	工业化学	3	65	3	67
伦理学	3	60	—	—	德文(一)	3	65	—	—	西洋文化史	3	76	3	60	化学研究	2	及格	1	及格
党义	1	80	1	80	党义	1	85	1	70	现代政治	3	60	—	—	杂志报告	—	及格	—	—
军事训练	2	74	2	60	军事训练	2	60	2	60	电磁学	3	69	3	60	西洋近世史	3	60	—	—
体育	1	75	1	75	体育	1	60	1	72	体育	1	75	2	65	化工原理	4	64	—	—
					定量分析	—	—	4	65	高等有机化学实习	2	88	2	82	物理化学选论	2	75	3	83
					无机化学选论	—	—	2	76	高等定量分析实习	2	86	—	—	生物化学	—	—	1	80
					经济原理	—	—	3	65	电工大意	—	—	3	68	食物分析	—	—	1	80
					初等物理化学	—	—	3	73	电工大意实习	—	—	1	70	食物分析实习	—	—	2	79
															无机化学选论	—	—	—	—
															化学讨论	—	—	—	及格
平均分		73.66		69			77.52		70.05			74.44		70.86			73.57		76.8

第二章 浙大求学

的知识。从初等有机化学到高等有机化学、从物理化学到生物化学、从工业化学到军事化学，吴浩青在这些科目上都取得了优异的成绩。浙大化学系的教育，将年幼的吴浩青引入化学之门，并为今后在化学领域的研究打下了坚实的基础。

一年级的课程量较少，以公共基础课程为主。国文和英文是公共基础课，所有学生都需要上；吴浩青将学习的中心放在了喜欢的无机化学和微积分上，这两门课的成绩相当不错。那时候大学老师的给分相对严格，不像现在大学老师给分那样普遍宽松，翻阅其他浙大学生的成绩单可以看出，吴浩青年平均七十多的成绩，在整个一年级来说，都是名列前茅的。邵裴子掌校期间，秉持宁缺毋滥的原则，要求各院系从严治学，因而浙大的老师在学生分数上卡的很紧。由于浙大规定若三分之一科目不及格则要留级，一半科目不及格则要退学，因而成绩对学生们至关重要，每每到了期末，都是同学们极为紧张的时候，他们为了尽早知道成绩，常常扎堆地围在教师办公室外，以能早知道自己的成绩为能事。后来有人看不下去，便在墙上贴了张纸条"临渊羡鱼不如退而结网"，意思是说你们与其考完试来窥探成绩，不如平时多加努力。由于校风严格，学生大多不敢懈怠，晚上七点以后，便各自埋头苦学。宿舍里设管理员（马立峰）一名，晚上九点半熄灯。有时因课业未完，也有燃烛续学者，管理员就在窗外轻击督促开夜车的学生休息[①]。晚上时间有限，吴浩青延续了苏中早起晨读的良好习惯，每天早晨天蒙蒙亮，就一骨碌爬起来，洗洗脸便跑出去读英文。刀茅巷边上有一条小河浜，唤作贴沙河，那时候河边上绿柳成荫，水面清澈而平静，清晨路上行人稀少，四周静谧，只有树梢上的麻雀在叽叽喳喳，是个晨读的好去处，吴浩青便常常跑到贴沙河畔，靠定一棵柳树开始大声诵读英文。

二年级化学专业课程增多，包括初等有机化学、无机化学选论、初等物理化学等课程。吴浩青在这些化学专业课程的表现十分突出，初等有机化学甚至拿了91的高分。据吴浩青回忆，初等无机化学的任课老师胡鼎

---

① 黄祥：我的浙大。《浙大校友》，2002年上半年期。

恩给他留下了很深的印象，第一次上课铃声响后，走进来一位身材瘦小、穿着长衫和西裤、面庞十分憔悴的先生，消瘦的脸孔上一对大眼睛显得有些迷离；两颧高耸，双颊深入；肌肤瘦黄，极像是营养不良的症状。这位胡先生在讲台上站定，在教室里扫视了一圈，同学们都面面相觑，心里各有各的嘀咕。可谁曾想到，胡先生开口讲课时，声音却十分洪亮，且字正腔圆，仿佛在唱戏般，大家都极为惊讶，这瘦小的身子里究竟是怎样发出如此中气十足的声音来的？胡先生讲课总是徐徐而行，不慌不忙，极为努力地将每个字都讲的十分圆润饱满。想必他为了学生能听清讲课内容，不论在身体还是精神上都花了极大的力气的。胡先生个头瘦小，但学问十分精湛。他早年毕业于国立东南大学化学系，后赴美国深造，在伊利诺伊大学获得化学硕士学位。后来在邵裴子的延揽下，进入浙江大学任教。他给二年级学生上初等化学课，课前总是要做充分的备课，讲课思路清晰，在黑板上的写字也总是一笔一划，虽然显得慢条斯理，却十分工整，一丝不乱。因此，胡先生的有机化学课，吴浩青觉得是最容易理解和掌握的，心里对胡先生十分钦佩。我们现在反观，后来吴浩青自己做老师的时候，备课工作十分充分，上课的板书也写得极为认真，这种严谨的教学态度，很可能是受这位胡先生的影响。吴浩青很喜欢上胡先生的课，只是看着胡先生瘦弱的身体，总不免担心他下一句话会发不出声音来。

苏中时期打下的扎实的化学基础，此时对吴浩青理解相关的课程帮助是很大的。吴浩青后来回到母校苏中游览时，曾特别感叹苏中的化学课程设置十分合理，与大学课程衔接得当，因而他到浙大后，对化学的相关科目便能做到"游刃有余，丝毫不会有困难的"。

除了专业课外，二年级还需选修第二外语。第二外语设有德语、法语和日语三种，学生可以任选一种。当时德语、日语教师是中国人，法语教师是法国人。第二外语虽称选修，但几乎必须修习一门，以备今后阅读原著、专业杂志等之需。吴浩青选择德语作为自己的第二外语，主要考虑到德国在当时世界上化学研究实力最为强劲，1902—1930年间就有12位德国学者获得诺贝尔化学奖，诸如费雪、拜耳、爱德华、奥斯特瓦尔德、瓦拉赫、戈里亚、哈伯、能斯托、魏兰德等一大批极有成就的杰出化学家成就了德国"化学王国"的美称。出于对化学的喜爱,吴浩青想日后的研究若要跟上国际水平,那不可避免要阅读德文文献,若将来有机会到德国留学,那便是更好不过的,而法语和日语从这个角度看,则显得不那么重要,吴浩青在德语的学习上,也是狠下功夫的。

当时浙大强调培养学生的学术研究热情,因而在各个专业和年级都倡导成立学生研究会等组织。由于对化学的痴迷,一年级的时候吴浩青便加入了浙江大学学生化学会,二年级的时候,他还担任了浙江大学学生化学会的主席,经常组织化学相关的学生沙龙和讨论会,还不定期地编辑出版了学生化学会的通讯,刊登学生们自己的研究成果和学会的活动情况。

三年级安排了大量的专业课程,进入较为深入的专业教育。除了西洋文化史和现代政治两门选修课,以及必修的体育课外,其他都是专业化学及相关课程。吴浩青三年级的时候,遇到了周厚复先生。周厚复先生是吴浩青的恩师,也是他在浙大最为尊敬的老师之一。周厚复先生从中央大学化学系毕业后,赴法国巴黎大学攻读有机化学,并于1932年获得博士学位,此后转入德国柏林大学从事有机化学研究工作。1933年,周厚复先生应浙江大学化学系系主任郦坤厚的邀请,来到浙大任教,并于次年起担任浙大化学系的系主任。周先生的专长是有机化学家,来到浙大后,给大三的学生开了一门高等有机化学课,因此,吴浩青的这门课正是周厚复先生讲授的,他此后与周先生建立了密切的师生合作关系,并在周先生的指导下,进行了许多有机化学方面的研究,科研能力和实验技能得到很大的提高。周先生曾告诫吴浩青:实验是化学研究的基础,而实验数据是不能有一丝马虎的。周厚复先生做实验,总是一丝不苟,对实验数据的要求十分严格,总是要重复测量三次,排除数据的不确定性,才肯认可。受周先生的影响,吴浩青在自己的科研道路上,最重视的也是化学实验,要求他的学生培养娴熟的实验操作技巧,而且在实验数据上也要重复验证,吴浩青对待实验数据态度之严格,在复旦化学系中是出了名的。

四年级的课程量更大,这与今天大学的教学安排有明显的区别。今天的大学四年级往往安排毕业论文等少量课程,专业课程基本已经修完,吴浩青的大四显然没有那么轻松,不仅安排了物理化学、化学研究等基础性课程，还需要上诸如军用化学、工业化学、生物化学、食品分析、化工原理等化学工业应用的相关课程，课业负担较之前一点也没有减轻。而此时的吴浩青在周厚复先生的指点下，已经由最初单纯的对化学的喜爱，发展为对化学研究的专注，他的科学研究的功夫已经渐入佳境，日渐变得像一个科研人员，而不单单是一个喜好化学的学生了。

　　后来吴浩青一生最大的科研成就是在电化学领域，尤其是对锑和锂的电性能研究上，也因为在锂电方面的出色研究而被称为中国锂电池之父。然而在他走上科研道路的初期，他的主要研究领域是有机化学，这主要是受到恩师周厚复先生的影响。由于周厚复先生的专长是有机化学，在其指导下，吴浩青的关注重心也是在有机化学方面。大四的时候，吴浩青担任了周先生的助教，协助周先生开展化学实验，以及指导低年级的学生进行实验。同时，也开始尝试进行自己的科研。1935年吴浩青在《国立浙江大学工程期刊》第1卷第1期发表论文"硒（selenium）之有机化合物"，介绍了硒的有机化合物种类和特征，这是吴浩青正式发表的第一篇科研论文，当他拿到散发着油墨香味的论文的时候，想必心情是十分激动的。后来在动荡不安的40年代初，吴浩青在国际有机化学顶级期刊 *Journal of the American Chemical Society* 上发表了关于芳香醛的研究论文，可见当时吴浩青在有机化学方向的研究已经有了较大的进展。

　　除了有机化学外，这时的吴浩青对化学的工业应用特别感兴趣。实际上，清末以来，面对中国积贫积弱的局面和资本主义国家的掠夺，实业救国的思想一直在中国社会思潮中占有重要地位。受此影响，许多学者和青年学子致力于提高国家的科学技术水平，以实现国家和民族的振兴。吴浩青在浙大期间，日本帝国主义的入侵咄咄逼人。"九一八事变"以后，中国的民族危机日益加深，引起全中国有识之士对日寇的强烈的愤慨，浙大的老师常常在课堂上慷慨陈词，抗议日寇的入侵，抨击国民政府的不作为，为民族危难痛心疾首，引发学生们强烈的民族使命感，吴浩青在课堂上也时常为之动容。1932年"一·二八事变"爆发后，浙大师生走上街头游行示威，吴浩青也积极参与，随着游行队伍前往杭州火车站，清查日货。游行队伍还到省教育厅厅长张道藩家示威抗议，要求国民政府奋死抵抗日本帝国主义的入侵。在这种爱国主义的氛围熏陶下，血气方刚的吴浩青形成了对民族、国家强烈的使命感和责任感，他觉得自己的所学，应当为国家的建设所用，应当为民族的振兴做出贡献！因此吴浩青尤其关注国计民生和化学的应用。大四的时候，他在军事化学等科目上投入了相当大的精力，一度希望将来能够研发出高性能的化学武器，赶跑日本人。这种为国家建设服务的使命感一直成为吴浩青从事化学研究事业的强大动力，实际上吴浩青后来将锑和锂的电化学研究作为自己的主要研究方向，正是考虑到发展高性能化学电源对于国家现代化建设具有重要意义。吴浩青的民族使命感很大程度上是在浙大求学期间形成的，因此，浙大的求学经历对吴浩青而言，不仅仅是接受了系统的科研训练，而且也使他形成了强烈的使命感和责任感。

毕业抉择——留校任教

大学毕业后，吴浩青也面临着未来职业选择的问题。

尽管 20 世纪 30 年代我国的高等教育刚开始发展不久，大学毕业生在社会上的比例极低，能上大学的可以说凤毛麟角，是中国社会的精英分子，然而，这时候却已经出现了严重的大学生就业困难的问题。大学生毕业即失业的现象，并非今天高校扩招后独有的现象，在吴浩青上大学那会儿，就已经很严重了。以山西为例，1934 年 9 月山西省政府的报告称，全省专科以上的毕业生中有失业者 4700 余人，而山西自兴办高等教育以来的 30 年中，总共培养出来的大学生仅不过 8905 人；北平的大学毕业生的就业情景也不乐观，各大学为了推动毕业生就业，还特别成立了"职业运动大同盟"[1]，可见当时大学毕业生失业问题的严重程度。

好在吴浩青大学期间成绩优秀，深受恩师周厚复先生的器重。据吴

---

[1] 霍益萍：《近代中国的高等教育》。杭州：华东师范大学出版社，1999 年，第 210 页。

浩青回忆，周厚复先生对学生极为负责任，给化学系7个学生都安排了工作，也给了他三个选择：一个是扬州中学教员，扬州中学是一所著名的中学，民国时期，和上海中学、苏州中学、杭州高级中学并称"江南四大名中"，薪资待遇也很好。二是杭州笕桥防空学校教官，这所防空学校是国民政府于1934年1月成立的。鉴于"一·二八事变"后日军对上海等大城市进行的轰炸，民众缺乏防空知识而损失惨重，国民政府遂在杭州笕桥

图2-3 周厚复先生

设立防空学校，训练各省的公务人员，教授消防、避难、救护、防毒等内容[①]。周厚复先生曾在柏林大学从事毒气研究，因此防空学校请他去讲授防毒课程，周先生便推荐他的学生来担任教官。这个岗位是国民政府军事委员会管辖，待遇也十分丰厚。第三个岗位则是留在化学系担任助教。助教工作的工资较强前两者少了一半，每月仅有60—100元[②]，且压力很大，因有规定助教5年内如不升讲师就要主动辞职。吴浩青说，"当时，钱对于我来说是多么的需要！但毕竟非我孜孜以求的初衷。虽然三个工作都能传授我所学知识，但前两个只能完成我一半愿望，缺少继续研究的条件，而助教工作可满足我毕生的抱负，做一个大学教授。"因此，嗜好读书的他毅然决然选择留校，从此，吴浩青就走上了从事科学研究的道路，而且这一做就做了一辈子。

1937年，太仓师范学校缺少理化教员，周厚复赶紧派吴浩青去任教，主要目的是占住位置，以便于后来的毕业生谋出路。因为是"填坑"性质，吴浩青预想用不了多久就可以回到浙大继续从事科研工作，且又是恩师的嘱托，便欣然前往。岂料日寇倏然入侵，措手不及，时局动荡，一时

---

① 黄辛建、王建国：抗战时期的防空学校.《文史杂志》，2010年，第4期。
② DA-004国立师范学院人事登记表.湖南省档案馆馆藏档案，档号：61-1-3。

间竟与浙大失去了联系,这是当初所没有料想到的。太仓师范停课后吴浩青只得回到宜兴老家。后来,他划小船到上海,在巴士上偶遇浙大前校长,才知浙大已搬迁江西泰和井冈山脚下的上田新村。因为公路铁路都不通,他从上海外滩独自乘小货轮到浙江,几经周折,长途跋涉十几天终于抵达江西,重归浙大。

第三章
辗转任教浙湘沪

重 返 浙 大

1937年7月7日卢沟桥事变，日本发动全面侵华战争。

华北大片国土沦陷，东南战事再起。政府、工厂、难民纷纷涌向内地，各国立大学也开始向大后方迁移，北方高校"南下"，沿海高校"西迁"，纷纷扰扰、颠沛流离。1937年11月，日本在距离杭州100公里的全公亭登陆，浙大告急。竺可桢校长带领浙大师生踏上漫长的西迁之路。浙大一迁浙江天目山、建德，二迁江西吉安，三迁江西泰和，四迁广西宜山，五迁贵州遵义、湄潭，一路跋山涉水，饱受日军袭击惊吓和风霜雨雪侵袭之苦，行程2600公里，成为西迁高校中搬迁次数最多的高校，这一段经历也被后人称为"文军长征"。

战争使吴浩青和浙大失去了联系。

吴浩青被派往太仓师范任教，原本只是为了占住教职，以便为浙大化学系下一届的毕业生安排工作，并非长期任职。可日寇倏然来袭，民众惶恐，在一片混乱中，吴浩青完全失去了浙大的消息，断了音讯。

上海沦陷以后，日军铁蹄沿长江向南京进犯，一路烧杀掠夺，紧邻上海的太仓无险可守，岌岌可危，民众纷纷向内地逃难。太仓师范师生溃散，已无法继续办学，其他学校的情况也大抵如此。为了安顿教员，民国江苏省政府下令各地的省立中学教员就地举办中学培训班。无奈，吴浩青只能回到太湖西岸宜兴老家，回到精一中学，等待省政府的进一步安排。可刚到宜兴不久，培训班教学人员尚未到齐，日军已经步步紧逼，宜兴的战事也吃紧起来，退到宜兴的国民党军队越来越多，有些军队住进了精一中学。吴浩青看这些当兵的脸上神色慌张，心中亦难免多有不安。当时吴浩青宿舍的隔壁住了一位东北义勇军的军官，名叫冯庸。一天晚上，隔壁的电话声不断，吴浩青就挨着窗户边屏息静听，从隔壁电话的口气中，吴浩青隐约感觉到太湖东边的战局时下已经非常紧张，对国军能否抵抗得住日军的进攻，着实感到心里没底。第二天一早，吴浩青便去看望冯庸，冯庸不及多说，只是劝他：老百姓应该立即往西撤离。听罢，吴浩青明白，宜兴城是守不住的了，此地不可久留，赶忙回屋收拾行李，急不迭地赶回自己的老家丁蜀镇小圩村；到小圩村后仍觉不够安妥，便又携带家眷前往更偏远的西乡，投奔了亲戚谢冶英。果然，吴浩青离开不久，日寇很快就攻占了宜兴城，不过好在日寇并没有大规模进入宜兴的乡间，小圩村也没有遭到袭击，不久吴浩青一家又回到小圩村，人心稍安。

在乡间的吴浩青没有了生活来源，心中苦闷，无奈时局动荡，日军占领宜兴城，形势不明，不敢轻易回县城，小圩村里对外联络又极为不便，心中虽念叨着回浙大，但却毫无音讯。未来时局不定，生活日益艰难，吴浩青不得不先为眼下的生计做打算。于是他向姐夫借了几担稻谷，买了个磨盘，开了个碾米的小作坊，借以维持生活，聊赖度日。后来，同乡商人高汝舟（系吴浩青精一中学的同窗盛水湘的姐夫）和自己的一个亲戚合资开办了一个肥皂作坊，看到吴浩青是学化学出身的，又正好因战乱赋闲在家，便邀请吴浩青来主持肥皂作坊的技术工作。对于这个工作，吴浩青心里面既想做又不想做，想做是因为这份工作多少可以增加收入，维持家中的生计；不想做是觉得经商终非自己的志向所在，他一心想成为大学教授，而今如果屈身于小小的肥皂作坊，着实觉得大材小用，心有不甘，因此内心比较矛盾，拿不定主意。不过看看眼下混乱的时局，一时间也没有更好的去处，吴浩青便承应下来。这段开设小作坊的经历持续了几个月，虽然短暂，但却似乎在吴浩青的潜意识里留下开办小作坊的情节，日后他在湖南教书艰难无望之际，也曾动过开办小工业的念头，这是后话。

这样过了几个月，时节已是1938年的立夏，此时宜兴到上海的水路已恢复，吴浩青心里念叨着浙大，觉得在沦陷区这样待下去终非长久之计，小作坊生意也并非自己的初衷，一番思量之后，吴浩青告别母亲，乘坐小船，准备绕道上海，再前往杭州去寻浙大。吴浩青当时没有太多的积蓄，身边仅携带一只小孩子的长命金锁片作为旅费，便上路了。

到达上海后，正当吴浩青四下打听浙大的去向时，在公共汽车上，吴浩青竟无意间遇上了浙大的前校长邵裴子，从邵裴子那里得知，此时的浙大已经在竺可桢的带领下，迁往江西泰和。吴浩青喜出望外，拜别老校长后，随即动身前往泰和。行前，吴浩青匆忙走访了在上海的精一中学的旧时同窗盛水湘，并将金锁片兑了现，便乘小船经浙江沿海地区进入内地，直奔江西泰和而去。几经周折，沿路打听，终于找到了母校，乱世重逢，感慨不已，吴浩青觉得生活又回到正轨上来，心中大安。此时已经是1938年的暑假了。

回到浙大后住了一个多月，战争形势又紧张起来，江西北部的马当、彭泽相继失守，泰和已不是安全之地。即使日军未必很快深入江西中部和南部，但只要南昌一陷落，浙赣路就会中断，届时就无法迁校，因此，浙大不得不再次筹划西迁。竺可桢找到教育部长陈立夫，陈立夫同意必要时浙大可再次迁校，并建议迁往贵州安顺。竺校长就经长沙赴广西，到各地考察，寻找合适的地点，发现安顺路程过于遥远，运输困难，倒是广西宜山较为合适。于是浙大再次搬迁，从江西泰和搬到了广西宜山（今广西宜州市），吴浩青也随着学校迁往宜山。宜山是浙大西迁的第三站，比起前两次搬迁，这次搬迁更为不易，行路之艰难远超过前两次。从1938年的9月15日首批女生撤离泰和开始，浙大分派了三辆校车轮流运送师生，但是校车只能送到茶陵、赣州，此后入广西宜山的路程，就只能靠师生自行想办法解决了。从湘西赣南翻越南岭，近千公里的路程，真可谓千里迢迢，跋山涉水，行路之艰辛，对于文弱的书生们来说，真是苦不堪言。开学时间虽然定在了9月30日，但一周后的10月6日清点人数时，仍只有百余学生达到，其他师生陆陆续续到10月底才基本抵达宜山。吴浩青坐校车到赣州后，和几位师生一道，一路步行向西，走了20多天，才走到宜山。好在这时候的吴浩青才25岁，正值气血方刚、精力充沛的年纪，且是单身一人，并未携带家眷同行，轻车简行，没有太多的负担，虽然劳累不堪，但一路上至少还算顺利。

到达宜山后，由于房舍紧张，学校安排吴浩青住在校外的民房。当他搬着铺盖，踏进房门，抬头一看，屋里坐着的，竟是自己苏中的英文老师沈同洽！吴浩青真是又惊又喜。自从苏中毕业之后，已经很久没有见过这位给自己帮助极大的英文老师了，没想到在战乱流离之中，竟与恩师相遇，实乃吴浩青在恶劣的宜山期间最为宜心的事了。沈同洽原为苏州中学英文教员，后被竺可桢延揽至浙大任教。在苏州中学时，曾给吴浩青上过高一的英文课，其富有激情的课程让吴浩青对英文也充满兴趣，成绩进步很快。而此时两人又同为浙大的教师，因此沈同洽称他和吴浩青之间，"既有师生之谊，又有同事之雅"，相处十分融洽。由于两人同住一间房，因此在工作之余，两人交往密切，共进膳、共消遣、共游玩、共闲谈，加上两人都是没有带家眷的单身，所以两人的交往更加无拘束，也结下深厚的师生情谊。在沈同洽眼中，这时候的吴浩青是一个奋发上进的青年，对自己待以师礼，在生活上也处处予以照顾，尊师重道。两人相互照应，互相砥砺，也使得在宜山的生活不至于显得太过艰苦。

吴浩青到达宜山后，其严酷的天气状况给他留下深刻的印象，过了中秋了，中午依然酷热难耐，夏天更会是热到何种程度，因而心下并不喜欢这里。竺可桢先生和教务主任郑晓沧等对宜山的周边环境进行实地勘察之后，发现此地四面环山，卡斯特地貌发育，山多险峻，交通极为不便，加上气候条件恶劣，觉得此处不适合成为浙大久留之地。竺可桢认为"两广文化欲超江浙，殊为天时所限"，并认为"此处办大学实不相宜"[①]。

[①] 谢鲁渤：《浙江大学前传——烛照的光焰》。杭州：浙江人民出版社，2011年，第97页。

然而，不相宜的不仅仅是山水和天气，给浙大师生造成更大麻烦和恐慌的，是疟疾的袭扰。疟疾古代称为瘴气，民间俗称"打摆子""羊毛痧"，是一种由疟原虫经蚊虫叮咬传播的，极易流行。实际上，浙大刚刚落脚宜山，数学系助教恽鸿昆便感染疟疾过世，农艺系和教育系也有学生患上疟疾，之后患疟疾的人越来越多，引起校长竺可桢先生的极大担忧，他在日记中写到："两个月中，患病者就达到146人，其中恶性者占77%。12月、1月新染者尚接踵而起，合共不下200起，每一家中几乎必有疟疾之人……""余谓广西之疟疾比之日本炸弹为可怕。"

疟疾给浙大带来极大的困扰，当时浙大师生的生活条件极为艰苦，学生宿舍简陋、拥挤，不但卫生状况堪忧，连基本的蚊帐的防护品也很少。浙大在宜山前后有1年零4个月，其中8个月遭受疟疾的袭扰，苦不堪言，实在是平日里师生们头等忧心的事情，也造成人心惶惶不安，浙大师生无奈地喟叹：宜山宜水不宜人！

一日早晨起床，吴浩青感到十分困乏、倦怠，四肢无力，起初以为是夜间没有休息好，没有太在意。岂料午间过后，突然腹泻不止，十分乏力，并隐约感觉一阵阵地发冷。吴浩青警觉地意识到，可能自己也得了疟疾！不敢耽搁，赶紧回到自己的房间，翻开抽屉，找到早些时候预备下的扑虐母星片服用。因为平日浙大疟疾严重，人心不安，加上平日药品短缺，所以吴浩青为了防止意外，很早就准备了些扑虐母星等西药，以备应急，没想到这次自己果然中招，且来势汹汹。服药之后，便倒在床上休息。恰好这时沈同洽回来，见吴浩青势头不对，询问过后，赶紧带吴浩青到宜山县立医院就诊。由于治疗及时，这次疟疾尚未对其

图 3-1　浙江大学宜山校景

身体和精神造成太大的损伤，一个星期后，基本恢复了原来的精神。疟疾痊愈之后，吴浩青平日里更加注意清洁卫生，但心中仍难免时时担忧。由于医药短缺，当时整个浙大对疟疾的应对感到十分困难，相对方便的是到就近到桂林、贵阳购药，但是桂林、贵阳的药品供应也常常告罄，远则需要到上海、广州购药。当时沿海大城市业已沦陷，交通困难，此处购药也十分不便。西药的短缺让浙大在疟疾面前几乎束手无策，损失惨重。好在浙大终究没有因此崩盘，吴浩青也熬过了这关。

除了疟疾以外，浙大师生还要面对日军飞机无休止的轰炸。

宜山身处大后方，交通不便，自古少有战乱兵燹之祸，"天下大乱，此地无忧；天下大旱，此地半收。"然而在抗日战争期间，日军飞机肆无忌惮的轰炸，完全打破了昔日宜山的安宁。北山齐云阁上的警钟和黑灯笼，取代了向来祥和的踏歌椎鼓。

海拔400米的北山是宜山四周的制高点，山顶筑有一亭，名唤齐云阁。宜山发布防空警报的方式，一是撞钟，二是悬挂黑灯笼。大钟原本属于基督教会，后捐给县政府，挂在北山顶，作为防空警报之用；黑灯笼巨大醒目，悬挂在齐云阁，挂一个黑灯笼表示日机进入广西境内，挂两个代表日机已经进入宜山县境。日军对浙大的轰炸，发生在1939年2月5日，距离浙大迁址宜山开课后第83天。

1939年2月5日这天恰好是星期天，农历新年刚过，南方开始转暖，阳光明媚。这一天，不少同学都趁着节假日外出郊游，只有两个班级的同学在补课，一个班级在补考，留在操场活动和宿舍中的学生不是很多。大约在上午11点左右[①]，十八架日军轰炸机突袭宜山，顿时警报声大作，民众慌乱，四下逃散。吴浩青和沈同洽听到警报钟声，料想浙大可能不保，即刻夺门而出，直奔东城门，径直往郊外龙江边上的防空洞去了。两人刚躲入江边假山后的石洞中，即听见敌机略地而过，飞机发动机的轰鸣犹在耳畔，紧接着就是一声巨响，一颗炸弹在吴浩青他们躲避的山洞一丈余远的地方炸开，吓得两人魂魄也飞散了七分，抖抖索索地紧抱在一起，口中

[①] 李曙白、李燕南：《西迁浙大》。杭州：浙江大学出版社，2007年，第186页。

嚅嗫:"今天难免要死在一起了,好吧!那就死在一起吧,还痛快!"

幸运的是,敌机没有再飞回来。事后,惊魂甫定、心有余悸的沈同洽在《中国评论周刊》上撰文,痛骂日军的无耻行径[1]。等敌机离去,吴浩青和沈同洽赶忙回到学校,才知道这次日军轰炸的重点是浙大标营,而不是宜山城。标营位于宜山县城东门外,旧时是清朝军队的营盘,曾驻扎相当于一个团的兵力。标营的营房是四合院结构,浙大迁到宜山后,当地政府将标营让给浙大,作为教室和学生宿舍之用。浙大还在标营北面开辟了一片50亩左右的操场,还在周围搭建了草棚,补充教室和宿舍不足。因此,标营成了浙大在宜山期间的大本营,教学科研工作和学生的日常生活起居,都在标营。

日机这18架重型轰炸机在标营上空来回轰炸了三次,还用机枪扫射了两轮,大有将浙大师生屠杀殆尽的架势。敌机离去后,师生们细数弹坑,这次空袭日军共投下118枚炸弹。这次轰炸给浙大的教学和生活造成极为惨重的损失,教室、宿舍、礼堂、导师办公室、活动室、阅览室、餐厅几乎全遭破坏,二年级学生宿舍被毁,除了身上的衣服,一无所有;全校唯一一台钢琴,从杭州一路搬到宜山,好不容易,这次也被炸毁了。不过幸运的是,尽管浙大的房舍尽毁于空袭,但全校师生800余人中却无一人丧命,仅有一名校工和两名学生受了轻伤,实在是不幸中的万幸。

关于日军空袭浙大,不少人有过分析,其中一种看法是因1938年寒假浙大学生自治会发起话剧义演,以募款慰问前线将士,激励士气。三天的演出共募集了4000余元交给政府。此事在当地颇为引人注目。报纸上也进行了大篇幅的报道,大字号的标题,非常醒目,可能是因为这一举动激起了日军的愤恨,因而报复浙大[2]。不过,这一解释过于牵强,仅一次汇演就招来日军大规模的空袭似乎不太可能。更可能的解释是,如竺可桢事后所言,日军的这次轰炸专为摧毁中国的文化教育事业,不仅浙大,西南联大、武汉大学、湖南大学、广西大学、重庆大学、复旦大学等都遭到日军的轰炸。因此,浙大这次遭遇空袭,实际上是日军企图消灭中国高等教

---

[1] 沈同洽关于吴浩青同志的一些材料。复旦大学档案馆馆藏:干部档案-吴浩青052。
[2] 李曙白、李燕南:《西迁浙大》。杭州:浙江大学出版社,2007年,第185页。

育事业阴谋的一部分。因为旨在消灭浙大，所以日军的轰炸机直奔浙大临时校舍和教室——标营而去。

　　这次轰炸以后，日军开始对浙大进行持续不断的轰炸。不得已，浙大决定以后上课的时间调整到早上 7 点到 9 点，以及下午 4-7 点，以避开敌机轰炸最多的时间段。此后浙大在宜山一年余的时间里，几乎都是伴随着空袭警报和轰炸中度过的，师生们也逐渐适应了敌机在空中飞来飞去的情景，该躲则躲，能上课就上课。几次轰炸后，吴浩青渐渐培养了一种大度的心态，也慢慢适应了敌机的轰鸣声，专注于自己的化学实验，基本上很少因为日军轰炸而中断实验。相对于当时见"山上挂一灯即万人争先恐后而避"的宜山民众而言，浙大师生们却显示了一种大度和坚守。从这一时期到次年 1939 年夏，吴浩青在浙江大学师范学院的理化系担任助教工作，科研的重点还是在有机化学方面，与周厚复先生保持密切的交流。

　　沿海高校西迁后，东部浙、闽、苏、皖等地的青年失去深造的便利。鉴于此，浙江大学迁至广西宜山不久，竺可桢校长便毅然决定要在东部地区设立浙大分校，以解决当地青年学生的升学问题。1939 年 2 月，竺可桢派教务长郑晓沧、史地系教授陈训慈离开广西宜山，回到风雨飘摇的浙江商定设立分校的事宜。郑晓沧和陈训慈等几经寻访，一个名为坊下的小村庄进入了他们的视野。坊下村距离龙泉县城约 3 公里，这里四面青山环绕，四季山花烂漫，远离了城市的喧嚣和战乱的纷扰，是理想的办学场所。不过这一个仅有几十户人家的小村子里，能否找到合适的办学场地却成了问题。在村中走访时，他们看到一幢新落成的大屋，气势恢宏，结构完整，若能在此办学，那是十分合适的。于是他们找到了这个大屋的主人，当地的一位乡绅，名唤曾水清，与他商量借用曾家大屋用作办学场地的事宜。起初这几位教授还担心人家不愿意，但没想到这位乡绅十分慷慨地把自己新落成的曾家大屋借给了浙大，着实让几位教授大喜过望。这个木结构的曾家大屋建筑面积 3026 平方米，共两进房子，一进为二层，二进为三层，天井两侧有厢房，大小房间合计为 72 间。就是在这样一方天地里，后来容纳了浙江大学龙泉分校的文、理、工、农四个学院的学生以及办公室、实验室、医务室、饭堂、学生宿舍等，因而当时有人戏言，浙大龙泉分校为"世界最袖珍大学"①。坊下芳草遍野,到处都是鲜花。春天有红色的杜鹃、淡紫色的马银花、黄色的羊踯躅、白色的金樱子、粉红的野蔷薇、紫红色的紫云英。田塍上、小路边还有无数蓝色的小花,犹如繁星点点,散落在绿色的草丛间。夏天,田野里开遍了淡青色的马兰花、粉红的半边莲和蓝色的鸭跖草。秋天,漫山遍野都是金黄的野菊花,它们在秋阳的照耀下,和红色的乌桕树相互争艳。曾担任浙大龙泉分校主任的著名教育家郑晓沧是海宁人,在海宁口音中"坊下"和"芳野"谐音,他遂建议将坊下改名为芳野,后又用英文将"芳野"翻译成为"Fine Yard",不仅同音,而且同义,妙趣黯然。对此,郑晓沧先生还做了精彩的阐释:芳野意为芬芳满垄,桃李遍野②。

1939年秋,吴浩青被派往龙泉,协助筹办分校事宜。吴浩青转道江西,抵达龙泉坊下。这一年7月27日至29日,龙泉分校在杭州树范中学举行新生入学考试,总共录取新生150名,其中正取生120名,备取生30名,后来实到学生141名。到8月中旬,分校筹备工作宣告结束,宜山浙大总部选调了一拨教师过来任教,吴浩青便被派过来担任化学系的实验指导老师。当时有文、理、工、农四个学院。包括中国文学、外国语文、史地、数学、物理、化学、生物、电机、化工、机械、土木、农艺、农化、园艺、蚕桑、病虫害、农经等17个系。龙泉分校第一批新生于10月8日举行开学典礼,正式开始上课。

到龙泉分校后,吴浩青发现,尽管师生们热情

图3-2 浙江大学龙泉校景

---

① 几生清福到龙泉。《浙江日报》,2010年09月03日。
② 王玉芝、罗卫东:《图说浙大——浙江大学校史简本》。杭州:浙江大学出版社,2010年,第66-67页。

高涨、积极乐观，但是这个躲在山沟沟里、仅有一座木结构楼房的浙大分校，其办学和生活条件之艰苦，着实令人惊讶。小小的芳野村，无法承担浙大分校师生的粮食供应，必须从外面购买。由于粮食短缺，师生们每餐只能定量供应。吴浩青每天去食堂吃饭时，常常吃不饱饭，因为学校规定一桌八人一桶饭，菜都是黄豆、青菜、豆腐，很少吃到猪肉，水产更无从问津。学生们调侃到"午餐是青菜豆腐，晚餐是豆腐青菜"。由于在闭塞的乡下，分校没有电灯和自来水，桐油灯是当时唯一可供使用的照明工具，吴浩青夜间工作备课，只能就着昏黄的桐油灯，不仅光线暗淡，而且煤烟很多，次日起床，发现脸上满是煤灰，甚至连鼻孔里面也沾染得漆黑。更艰难的是，由于缺乏取暖设备，冬天异常寒冷，有时一边写字，一边墨水就冻住了①。

时任分校主任的是陈训慈（字叔谅），是国民党文胆陈布雷的弟弟，精通文史。不过，此人可能并不善于治校，在吴浩青看来，陈训慈治校无方，引起龙泉分校学生的不满，终酿成学生风潮，着实有点自作自受。分校生活条件艰苦，许多城里来的学生无法忍受没水没电、清汤寡水的生活，于是常有牢骚，陈训慈不善于调节学生情绪，最终导致学生们向校方抗议，要求撤换校主任。吴浩青作为教职工，不便于直接参与倒陈训慈的学生运动，但心里同情学生运动。经学生这么一闹腾，陈训慈无奈辞职，浙大派教务长郑晓沧担任分校主任。郑晓沧较陈训慈有声望，其教育理念开明。郑晓沧主持分校工作后，着力改善分校生活条件，并不遗余力地推行杜威的教育思想，主张学生"重品行，重学问"，分校的学风为之一振。因感于郑晓沧先生的民主、开明、自由的治校治学风格，当时的中文教授胡伦清专门写了一副对联赞之曰："以弦以歌，往哲遗规追鹿洞；学书学剑，几生清福到龙泉"。

在吴浩青看来，尽管分校在敌占区边缘的崇山峻岭中办学十分艰险、艰辛、艰难，师生们住草房、吃粗粮，在昏黄的油灯下备课写教案，看书做作业，甚至忍饥挨饿，但是分校师生却是意气风发，精神振奋地授课、

---

① 几生清福到龙泉。《浙江日报》，2010 年 09 月 03 日。

读书，不少师生达到了古人提倡的"书山有路勤为径、学海无涯苦作舟"的境界，乃至写下乐观的诗句"野芳多映日、红树好题诗"。龙泉分校师生本着"读书不忘救国"的精神，课余积极开展各种抗日活动，当时的学生进步社团有：芳野剧艺社、春雷文艺社、文学研究会、天文学习会等。芳野剧艺社为当地百姓演出了不少剧目，其中有《雷雨》、《日出》等大型话剧，很受欢迎。①

受到这种积极向上的乐观情绪感染，年轻的吴浩青在龙泉分校工作期间，总体上心情是愉悦的，对工作充满热情、对未来怀抱期望。浙大信任这个年轻人，这个年轻人也为浙大龙泉分校的建设而四下奔走。1939年9月，刚到龙泉分校不久的吴浩青被派往上海为分校采购仪器、药品及体育设施。当时的上海已经被日本人控制，人员进出和物质流动受到日军的严格控制。吴浩青辗转到上海后，看见上海街头到处悬挂着日本膏药旗，时不时还会遇到日本巡逻小分队。吴浩青看到中国的大上海被日军占领，心中涌起强烈的愤恨，这种愤恨不是刚烈的，而是长时间的对日本侵略的不满压抑在胸口，慢慢酝酿而成的一股浓烈的怨恨，这种怨恨在近距离地看到日本兵哇啦哇啦乱叫的时候，便一股脑地涌了上来，渐渐涨红了脸。巡逻的日本兵似乎感受到了他的这种浓烈，其中一个警惕地盯着吴浩青涨红了的脸看了好一会儿。吴浩青心想不要惹事，帮学校完成采购任务要紧，便低下头匆匆赶往公共租界区的化学试剂厂。由于日本人沿途设置了关卡，采购的物品需要委托报关行才能运出。吴浩青在上海奔波了好几天，购置了学校要求的实验仪器、试剂、设备等等。由于战争的影响，许多工厂和商铺都关门了，购置这些设备着实花了他很大的力气。孰料，报关行在对这批物质申请报关时，却遭到海关的多次刁难，和海关反复交涉了好几天，最后有一些实验药品仍被海关禁运，不得不留在报关行，其他的物质则海运到宁波口岸，再辗转到龙泉。后来又有一次，吴浩青到温州帮浙大抢运一批进口的实验仪器②。

由于芳野村小民寡，粮食产量有限，浙大龙泉分校所需粮食多从龙泉

---

① 王剑如：浙大龙泉七十年情缘。《浙大校友》，2009年，第3期。
② 干部档案——吴浩青。复旦大学档案馆。

县城采购。然而龙泉本身也是山区，耕地少，人口稠密，粮食供应亦有困难。因此师生的吃饭问题一直是困扰龙泉分校的一个麻烦，加上时局动荡，未来形势不明朗，为了防止意外，分校决定到瓯江下游的产粮区乐清、永嘉一带采购一批粮食，作为储备粮囤积，以备不时之需。吴浩青自告奋勇，主动向学校要求承担这项工作，分校主任郑晓沧欣然同意。于是，1939年年底，吴浩青便乘小船沿着龙泉溪，下到丽水，再从丽水顺瓯江而下，到达入海口的乐清县，当时的交通十分不便，尽管是顺江而下，但还是花了两天的时间才到。乐清是粮食产区，吴浩青下船后，立即到县城的商铺四下打听大米的报价。浙大的经费有限，吴浩青想尽可能节约经费，又到附近的村庄上直接向农民打听。农民家里很少有县城碾好的大米，多数囤储的是稻谷，不便与商铺的大米价格直接比较，于是他又打听了碾米的费用，精打细算。之后，吴浩青又花了两天的时间，到乐清周边村镇转了一圈，打听各村的谷米价格，进行比较。经过这般细致的调查，加上对运费的计算，吴浩青才最终决定粮食采购方案，为浙大购置了两千担的粮食，装上船，溯瓯江而上，回到龙泉。

由于学生在龙泉分校只上一年级的课程，二年级以后就要到浙大本部上课，因此龙泉分校的化学实验器材不如浙大本部那么齐全，加上条件艰苦，在此地只能进行简单的实验，主要是教学性质的演示实验，但是科研性质的实验则很难开展。这一时期吴浩青的主要工作，除了给一年级新生指导化学实验外，主要是协助分校处理各类行政事务。此时的吴浩青充满朝气，尽管国难当头，但对未来还是很有信心，能为分校的事情四下奔波也让他体验到被重视的满足感。唯一觉得有所缺憾的是，助教的薪酬待遇比较低，收入微薄，吴浩青觉得浙大对自己的毕业生在待遇上的要求有些苛刻。

此时的吴浩青正值学术事业的起步阶段，精力旺盛、斗志昂扬，对化学充满热爱、对自己学术道路充满信心。尽管条件艰苦，设备简陋，吴浩青仍努力从事科学研究，整天在实验室进行科学实验。他那时还是助教，对于学生的作业和实验，克尽厥责，悉心指导。吴浩青平时非常重视提高学生的英文水平，虽然他上的是化学实验课，但一般用英文讲课。他还有一些特别的规定，化学实验报告如果用英文写作的话，一律加 5 分。不少学生为了争取这 5 分，努力提高自己的英文水平[1]。

1940 年吴浩青升任浙江大学讲师，这意味着当助教时五年不升讲师便辞退的威胁正式解除，也意味着吴浩青的教学研究工作得到了浙大的认可和肯定，吴浩青离自己成为大学教授的梦想又近了一大步。

吴浩青在龙泉分校时，教育系主任孟宪承（1899—1967）也从宜山浙大本部调到分校任教，担任分校的教务主任和英文教授。孟宪承博通中外古今，特别是外文、史、哲、教育等学科，是我国著名的教育家，当时已经是享有很高声誉的知名学者。孟宪承于 1929—1933 年在浙大任教期间，吴浩青也正好在浙大求学，因此，吴浩青在龙泉分校遇见孟宪承时，便尊孟为先生。分校期间，两人亦时有交往。有一次，孟宪承和吴浩青在田野里散步，谈到抗战的前途，孟说："中国在十年内将有一个大变化。"吴浩青当时将信将疑，后来回想起来，非常佩服孟先生的这个预言[2]。吴浩青于 1941 年离开浙大，前往湖南国立师范学院任教，孟宪承则于次年 9 月，受廖世承的邀请，也到了蓝田师范讲学任教。[3] 两人的师生兼同事的关系一直持续到抗战结束后的 1945 年。

湖南国立师范任教

1941 年 8 月，吴浩青离开浙大龙泉分校，前往刚成立不久的湖南国立师范学院（简称"国师"）任教。

1937 年 7 月 7 日卢沟桥事变后，日寇大举入侵。次年 7 月，国民政府为了便于收容从华北、华东等沦陷区逃亡出来的名流学者和青年学生，保

---

[1] 李曙白、李燕南：《西迁浙大》。浙江大学出版社，2007 年，第 223 页。
[2] 干部档案——吴浩青。复旦大学档案馆：第 65 页。
[3] 俞立中，主编：《师范之师——怀念孟宪承》。上海：华东师范大学出版社，2007 年，第 96 页。

图 3-3 创办于李园的国立师范

存高等教育实力,同时也为了培养一批高质量的中学教师,决议在大后方成立一所独立的师范学院,并指定光华大学(今华东师范大学)副校长廖世承等人负责筹办。廖世承遍访湘、黔、桂等地,最后相中了"安定文化、青出于蓝"的湖南安化县蓝田镇。蓝田远离京广线,受日寇干扰少,相对安宁。同时,辛亥志士李燮和之子李卓然表示,可以将其庄园李园租借出来作校舍,"磋商半日,即成立契约","国师"最终选址蓝田。因地处蓝田,因此国师有时也被称为蓝田师范。11月,国师的筹备工作完成。然而在即将开学之际,时局却日益紧张,当时"武汉连陷,行都再迁,长沙大火,三湘震惊,敌骑纵横之流言日炽"[1]。在这样的动乱情势下,国师坚持于同年12月1日开班上课,遂"弦诵声起,人心大定",是为国师创办之始。

国师的院长廖世承是我国近代著名的心理学家和教育家,早年留学美国,并获得布朗大学心理学哲学博士学位。在日寇入侵的动荡年代,筹办

---

[1] 《国立师范学院概况》。长沙:出版单位不详,1947年,第1页。

一所新的大学，在人才、资金、场地、图书等各个方面都极为困难。最初的校舍是借用辛亥革命元勋李燮和、李云龙兄弟的住宅李园，再在紧邻的光明山（今在涟源一中内）修建教室、宿舍、食堂、澡堂、医务室、办公楼、实验楼、图书馆、音乐教室等，光明山上逐渐出现一个崭新的校区建筑群，成为国师的发源地[①]。1938年10月27日，筹备工作结束，国文系、英文系首先开办。第二年，大学部又增设史地、数学、博物、教育、公民训育等，形成国师的七个科系，后陆续设立了国文、数学、体育童子军和音乐四个专修科，此外还设有大学先修班、小学教员进修班、体育师资训练班等三个培训班，因此，称为"七系四科三班"[②]。

草创中的国立师范学院，师资力量缺乏，院长廖世承为了招揽贤才，曾怀揣着国师的山清水秀的照片，四下寻访西迁的名流学者。在这种情形下，沿海地区的许多知名学者进入国师任教。钱基博、钱钟书、孟宪承、储安平、汪德耀、高觉敷、谢扶雅、朱有巘、金兆均、杨善基、程宗潮、章元石、马宗霍、皮名举、李剑农、李达、刘佛年等都曾到国师任教。不少学者认为，钱钟书《围城》中的"三闾大学"，就是当年的国立师范学院。

在这样的背景下，吴浩青经由老师兼好友沈同洽的介绍，1941年8月离开浙江大学，到国师担任理化系讲师。沈同洽于1939年下半年应院长廖世承的邀请，先行来到国师任教，沈见国师四下招揽人才，便向廖世承极力推荐了青年才俊吴浩青。由于廖世承的热情相邀，加上老师加好友沈同洽的推荐，不久，吴浩青便起身前往蓝田国师，出任化学系讲师。由于内地常遭日军轰炸，沿海又常被封锁，西行之路变得相当艰难，许多学者都花了九牛二虎之力才抵达国师。钱钟书当年是从上海经海路转香港才进入内地的；物理学家章元石1940年9月应聘国师理化系主任，却于第二年4月才抵校，有的教授甚至是"一路要饭去上任的"。和其他学者相似，吴浩青从浙江龙泉前往湖南蓝田，一路上也是倍尝艰辛，颇费周折。

---

① 孔春辉，主编：《师范弦歌——从蓝田到岳麓》。长沙：湖南师范大学出版社，2008年，第316页。

② 《国立师范学院概况》。长沙：出版单位不详，1947年，第9页。

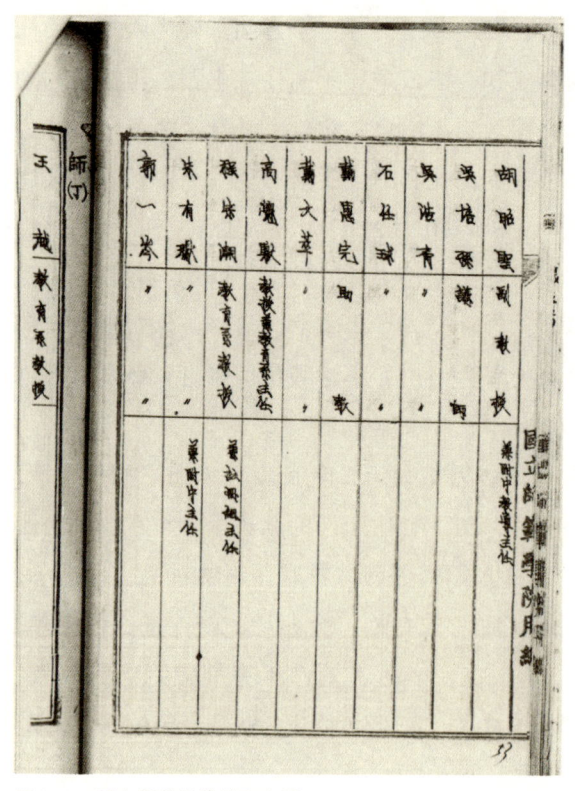

图 3-4 国立师范学院档案名册

创办之初，国师仅有学生 106 人，1941 年吴浩青到任时，已经有学生 590 人，其中理化系也从最初的 10 个学生，增加到了 47 名，已具有一定的规模①。当时国师理化系的教师队伍包括：系主任章元石教授，主要上电磁学理论课程；陆祖安教授，上定性分析课程；副教授两名，分别是胡昭圣和吴培孙，上电工原理、普通物理和实验课程；讲师吴浩青，上普通化学、理论化学和化学实验等课程；助教有曾云鹏、戴惠完、石任球等人②。

刚到国师的时候，吴浩青工作非常热心，充满干劲。尽管学校没有办公制度，并不严格要求教师每天到校，但是吴浩青总是每天一大早到学校，忙于教学和科研，晚上常常很迟才回家。政局的动荡似乎并没有给他的学术热情造成太大的损害。吴浩青对化学、对科研仍充满激情和热爱。

到国师后的第二年，吴浩青便升为该校副教授。

不过，吴浩青很快发现，这个小小的国立师范，表面上看似风平浪静，实际上内部派系斗争相当激烈，拉帮结派，勾心斗角，暗潮汹涌。我

---

① 《国立师范学院概况》. 长沙：出版单位不详，1947 年，第 17 页。
② DA-001 国立师范学院教员名单（蓝田师范）. 湖南省档案馆，档号：61-1-26。

们从其他材料中也可以看出国师复杂的人际关系。皮名举[①]曾于1945年担任国师的代理院长，这位才华横溢的学者对于国立师范的前途十分看好，并立志要推动国师成为一流名校，但是上任后不久，他便很快感到国师人际关系的复杂，他根本无法调和，因而不得不离任，出走湖南大学。吴浩青初来乍到，并不属于任何派系，且又对这种内部的权力争斗毫无兴趣，不愿加入他们的争斗中，因此，吴浩青也逐渐被排挤和冷落。在这种氛围下，他始终感觉自己在国师仅是"作客"的身份，得不到亲切的待见。系里的教师们醉心于权力斗争，并不真正从事科学研究。这时，孤独的吴浩青开始怀念在浙江大学的那些自由的日子，怀念那浓郁的学术氛围。好在这时爱人倪锦云从上海大同大学化学系毕业，赶赴湖南蓝田与吴浩青会合，于乱世中缔结了美满的姻缘。倪锦云的悉心照顾与呵护，让吴浩青在冷漠的国师中感受到莫大的温暖。此后两人相濡以沫、风雨同舟，携手走过了70年的风风雨雨。

尽管人际关系复杂，但是实事求是地讲，当时国师的化学实验室的设施还是比较完善的。国师新立，由于廖世承的积极奔走，很快在国师建立起了化学实验室，不仅从临近的大城市购置了很多实验设备，廖世承还疏通了关系，从海外进口了一批先进的仪器设备。当时全国大多数高校在内迁过程中，仪器设备、图书资料等多损失惨重，有些甚至于无法正常进行科学研究，而国师的实验室设施虽然尚不能和浙大本部实验室相比，但是相对于浙大龙泉分校建的教学实验设施而言，还可算得上是完善的了。吴浩青既然无心于院系里的错综复杂的人际纠纷，实验室便成为他主要的寄托，而这也正是吴浩青兴趣之所在。由于廖世承的关系，国师和哥伦比亚大学建立了很好的交流关系，并为此专门成立了一个资料室，许多国外的期刊通过这个资料室源源不断地送到蓝田，送到吴浩青的手上。吴浩青的每天生活，就是定期到资料室翻阅国内外的化学杂志，看看最新的研究进

---

① 皮名举（1907-1959），湖南长沙人，1927年赴美留学，攻读世界史，先进耶鲁，获得文学学士学位，后到哈佛，获得历史学博士学位。1935年学成归国，被北大聘为副教授，次年旋即升为教授，成为北大历史系名牌教师。抗战期间随北大南迁到昆明西南联大，1942年出任国立师范学院史地系主任。

展，然后到实验室设计实验方案，检验自己的各种理论假设。

　　吴浩青的理想是成为一名大学教授，当时的读书人皆以出国留洋为美事，因为欧美国家在科学领域的先进水平是当时中国所无法比拟的，若能出国留洋，那么对于自己学术上的历练那必定是大有帮助的。出于这样的想法，吴浩青自大学毕业以来一直有出国留学的念想。到了蓝田师范以后，吴浩青仍满怀信心，希望有朝一日能够获得出国的机会。从这方面讲，他并不太在意人际关系的问题，主要的注意力，还是放在化学研究上，尤其是对芳香氨基醛类有机物性质的研究上。芳香氨基醛的研究设想早在浙大担任助教期间便开始酝酿了，后来遭遇战乱，不断搬迁，对该项研究的进展一直很缓慢。初到国师的一段时间里，学校的生活较为安定，实验室的设施也较为齐全，这为吴浩青继续芳香氨基醛的研究提供了良好的契机。

　　经过几个月在实验室废寝忘食的工作，芳香氨基醛的合成实验终于取得了突破性的进展。吴浩青喜出望外，写成"芳香氨基醛及氨基酮的合成"一文，随即翻译成为英文，请沈同洽为其润色英文后，便寄往美国发表。这篇论文后来发表在化学界顶级期刊《美国化学会志》上[①]，成为吴浩青在新中国成立以前发表的最有份量的一篇论文。

　　如果说国师复杂的人际关系让吴浩青感到压抑和愤懑的话，那么飞涨的物价，则让吴浩青切切实实感受到生活的压力。起初吴浩青升任浙江大学讲师时，工资涨到每月180元，比起当助教时的每月60元已经有了较大的增加，但无奈日寇入侵，时局动荡，物价上涨，生活并未显得宽裕。国师的待遇相对较高，每月可以拿到220—240元的薪水[②]，升任副教授后，每月工资又增加到280—300元/月，另还有60—120元不等的补贴[③]。这样的薪资水平，若放在30年代和平时期，足以让吴浩青和倪锦云小两口过上体面的生活，不过，飞涨的物价将这种体面生活的可能性击得粉碎。

---

　　① A Method of Synthesis for Aromatic am-in aldehydes and Amino ketones. *J. Amer. Chem. Soc*, 1944（66）: 1421。

　　② DA-004 国立师范学院人事登记表，湖南省档案馆馆藏，档号：61-1-3。

　　③ DA-003 吴浩青简历，湖南省档案馆馆藏，档号：61-1-22。

北方和沿海大片国土落入敌手后，到了 1939 年，国民政府税收主要来源关、盐、统三税（主要在沦陷区），较战前分别减少了 77%、56%、89%，而财政支出仅战争费用一项就远远超过收入，国民政府面临严重的财政赤字。于是，国民政府开动印钞机，滥发纸币以应对财政赤字，结果造成严重的通货膨胀。由于 1937 年和 1938 年连续两年粮食丰收，大后方粮价相对比较稳定。但从 1939 年年底开始，由于战区扩大、军队集中，战区难民迁入后方者甚多，后方人口急剧增加，粮食需求激增。粮价迅速上涨。1937 年上半年重庆米价每市斗为 1.32 元，到 1941 年 6 月涨至每市斗 41.87 元，增长 31 倍[①]。

如果说 1937—1940 年的通货膨胀还在政府控制范围之内的话，那么 1941 年以后通货膨胀则已经完全失控，成为脱缰野马，物价上涨之迅速，已经超过人们的想象力。1941 年以后，不论是总的物价水平，还是粮食、衣物的价格，都飞速上涨。而吴浩青前往国师之时，正是在物价开始暴涨的 1941 年。离蓝田较近的衡阳市，根据国民政府主计处的统计数据，1941 年 1 月中等大米的价格每斤 3.6 元，到了 6 月份，飞涨到 15.47 元/斤；食盐的价格从 1 月份的 1.27 元涨到 6 月的 2.26 元、而在 1937 年，食盐仅有 0.12 元[②]。猪肉、鸡蛋、布匹、煤、肥皂等生活用品的价格也急剧上涨。据《剑桥中华民国史》的数据，从 1942 年到 1944 年，物价每年上涨 237%。而到 1945 年，物价已经上涨到战前的 2133 倍[③]。再回看吴浩青的工资，从战前担任助教的 60 元到抗战结束的 400 元，仅仅增加 6.7 倍，这又如何能够应对物价 2133 倍的疯狂增长呢？

受通货膨胀物价飞涨的影响，那时候他和夫人倪锦云的小家庭生活显得十分拮据，虽然精打细算，但是有限的薪水根本敌不过飞涨的物价。那时候国立师范的太太们都叫是"肚皮上刮油脂"，生活十分艰难。在大学里，营养不良现象十分普遍，教员和学生都生活在"饿死的边缘"，疟疾

[①] 陈雷、戴建兵：统制经济与抗日战争。《抗日战争研究》，2007 年，第 2 期。
[②] 四川联合大学经济研究所、中国第二历史档案馆编：《中国抗战时期物价史料汇编》。成都：四川大学出版社，第 357–358 页。
[③] 杨培新：《旧中国的通货膨胀》。北京：人民出版社，1985 年，第 68 页。

和肺结核随处可见。由于营养不良,夫人倪锦云在初产之后,一度出现了类似软骨病的症状[1]。

生活窘迫使得许多教职工并不专心于学术研究,而常常到校外跑单帮做生意,甚至是大发国难财,毫无节操可言。尽管内心难免有些想法,但是吴浩青没有到外面赚外快,也没有放弃教师的职业底线,依然坚守在三尺讲台上和实验室里。不过,在物价飞涨、生活日益难以维持的情况下,吴浩青也不得不为自己和家人的将来预备一条后路。他思前想后,觉得像经商这类事情自己并不擅长,更遑论战时的投机倒把行为,较为可行的办法是在实验室进行一些小工艺品的试制,比如皮鞋油、墨水、雪花膏、肥皂、酒精分馏等,取得一些经验和技术,以便为将来发展小工业做准备。后来,国师搬迁到溆浦后,吴浩青曾经一度与商人唐鼎新合作,开了一家小型的酒精作坊,产品还少量地供应给溆浦飞机场使用。

时局的动荡不安、抗战前景的渺茫、生活上的艰辛等等一系列的因素让吴浩青的意志日渐消沉。抗战进入长时间的相持阶段后,一时间似乎看不到胜利的希望。吴浩青回忆称,当时觉得抗战无前途、国家无前途、个人无前途,觉得是在"渡死日"。国师内部的派系斗争、生活压力、民族危亡等一系列的问题使得吴浩青对未来失去信心,愁云惨淡。在这种情绪下,吴浩青原本"高超"的意志和心气逐渐被消磨殆尽[2]。

1944年,日本海军在太平洋战场受到重创,为了挽救南洋日军,摧毁美国在华空军基地,打通华北通往东南亚的的交通线,日本集结重兵发动了豫湘桂战役。6月,长沙沦陷,日军进逼衡阳,战事吃紧,蓝田也难以安居,湖南国立师范学院不得不西迁至湘西新化,再迁溆浦,一路上山路崎岖,交通极为不便。前往溆浦的途中,曾在新化县上梅中学设立临时教学点[3]。蓝田到新化有110华里,夫人倪锦云脚不好,因此雇了一顶轿子。另还雇了一个挑夫,一头挑着行李,一头挑着女儿,吴浩青在前面引路。

---

[1] 干部档案——吴浩青。复旦大学档案馆。

[2] 同[1]。

[3] 孔春辉,主编:《师范弦歌——从蓝田到岳麓》。长沙:湖南师范大学出版社,2008年,第328页。

一天步行山路百余里，一路跋山涉水，抵达兴化时，人已极为劳累。好在兴化以后到溆浦的路况较好，走的比较从容。1944年的秋季，国师开始在溆浦上课。这次西迁溆浦，实属无奈，仓皇出走，许多物资来不及搬走，给国师造成很大的损失。按照国师简介上的说法，经过数年的建设发展，国师在西迁之前，达到了新中国成立前最繁荣的时期，学生达755人，教职工250余人，还有附属中学生400多人，附属小学生200多人，民众学生800多人，学生总人数达2000多人。西迁之后，音乐专修科、体育师资进修班等限于条件不得不停办，不少学生、老师流散，全院师生人数大减，原先在蓝田新建的校舍、办公楼、教学楼被荒废，实验仪器、图书文献等也多有遗失，可谓元气大伤[①]。1945年秋，日本投降后，又奉命迁往南岳，次年夏天国师全部抵达南岳，遂逐渐恢复元气，不过这时吴浩青已经返回上海，与国师的情缘就此告一段落。

执教沪江大学

抗战胜利后，西迁高校陆续回到东部沿海，湖南国立师范学院此时面临着严重的师资流失，战时流入国师的诸多名流学者纷纷回到沿海高校。教育哲学家孟宪承于1945年回浙江大学任教；新闻评论家储安平1946年春赴上海就教于复旦大学；心理学家高觉敷1945年回南京任金陵大学教授，并兼任复旦大学教授；哲学家刘佛年1946年赴广州出任暨南大学教授；历史学家李剑农1946年借聘于湖南大学，后转任武汉大学；教育学家程宗潮抗战胜利后回南京任中央大学教授……这一大批知名学者在30年代末国难当头、前途无卜之时来到湖南国师任教，使得国师一时间呈现了人才荟萃的繁盛景象，现日寇投降、时局初定、人心平复，学者们纷纷回到东部沿海发达地区。国立师范在此时，因大批教职工的离弃而再次受到

[①] 孔春辉，主编：《师范弦歌——从蓝田到岳麓》。长沙：湖南师范大学出版社，2008年，第9页。

重创。

在此大势下，吴浩青于1946年7月离开溆浦、离开国师，不过这次他并没有回杭州去寻找浙大，而是径直前往上海，因为抗战胜利后他和夫人倪锦云觉得有必要回老家一趟。

吴浩青与倪锦云相识，源自当年在太仓师范代课期间的接触。倪锦云比吴浩青小5岁，经由其表姐，认识了这位浙江大学刚毕业没多久的化学老师，心生爱慕，芳心暗许。吴浩青离开后，倪锦云考上了上海光华大学化学系，1939年9月，吴浩青为浙大龙泉分校赴上海采购仪器设备时，曾与倪锦云短暂相聚。碍于吴浩青当时已经结婚，结发妻吕顺珍在宜兴老家操持家务，并育有一子一女，两人无法公开在一起。吕顺珍系吴浩青在家乡由父母包办的封建婚姻，两人并无感情可言。寻找真爱的吴浩青，此时已决意离婚，与心上人在一起。不久，倪锦云从光华大学毕业后，便瞒着家人，奔赴蓝田，寻吴浩青而去，两人在蓝田结为连理。是年，吴浩青申明与吕顺珍离婚，并将宜兴老家的田产和家产都留给了吕顺珍。

倪锦云的老家在上海崇明。由于当年倪锦云是私自离家，只身到蓝田寻吴浩青，并未经过父母同意，所以抗战胜利后，思念父母，便想先回一趟崇明，吴浩青也好正式拜见岳父母，之后再为日后生计做打算。于是，两人便往上海崇明而来。

孰料，此一行却让吴浩青大受刺激。

倪锦云家本是小康之家，但是有一个为人势利的姨妈，生活方式奢靡，倪家便以这位姨妈作为来衡量标准，见女婿和女儿回来，既没有钱财、也没有权势，便冷眼相待、态度十分冷漠[①]。前文已述，吴浩青和倪锦云在湖南国师期间，受到物价飞涨的影响，本就生活十分艰辛，加上吴浩青作为一个年轻的大学老师，何来显赫的财富和地位？小时因贫困而被叔伯邻里嘲笑的吴浩青，此时他的自尊心再次受到伤害，那势利的眼光着实令人难受，心中愤懑不已，觉得社会秩序颠倒，大学教授都还不如银行里的茶房。受此刺激，后来直到离世，吴浩青都很少再去崇明岳父家。

---

① 干部档案——吴浩青。复旦大学档案馆。

1946年夏天，由浙大程瀪西先生介绍，吴浩青到沪江大学任教。

沪江大学原名上海浸会大学，创办于1906年，是一所教会学校，在20年代末全国性的"收回教育权"运动中，31岁的哲学博士刘湛恩出任首任华人校长，华人在校董中的比例有所提升。在刘湛恩的苦心经营之下，沪江大学走上快速发展的轨道，成为当时东南地区教学质量和科研实力最强的几所教会学校之一，师资力量雄厚，商科、国文、英文、物理、化学等学科都有很强的实力，也培养出了许多优秀的学员。令人扼腕的是，刘湛恩博士在抗战期间被汪伪反动政权特务所暗杀，沪江大学校园亦被日军占领，充作了军火库。沪江大学为了避免投敌之嫌疑，遂决定停办，直到抗战胜利后，始又复校。

沪江大学1916年设置了化学系[①]，是沪江大学最早设立的理工科院系。吴浩青到沪江大学时，沪江的理学院下设生物、化学、物理三系，共有学

图3-5 40年代末的私立沪江大学校门

[①] 《上海理工大学志》编纂委员会：《上海理工大学志（1906—2006）》。北京：高等教育出版社，2006年，第8页。

生281人。1945年复校以后的校长是凌宪扬,在他的主持下,沪江大学大幅度提高学校各项教育标准,在学生培养方面,实行积点制,学生需要修完足够的积点才能毕业,且全班考试成绩最低的一人,不管分数多少,都以不及格论,以此提高学生淘汰率[①];在教师的聘用和考核上,也大幅度提高门槛,在这种背景下,吴浩青初到沪江之时,就碰上了职称不公的问题。

吴浩青在蓝田国师时,已经升任副教授了,但是到了沪江,居然连个讲师职称都不给,最初一年还只是个教员,工作一年以后,才安排为讲师,实在是店大欺客、不给情面,不由得心中忿忿然。

吴浩青在沪江的另一个重要考虑是出国留学。

出于对化学的热爱,吴浩青自大学毕业之后,便不断努力尝试出国留学。在当时,人人皆以留洋求学为美事。年轻的吴浩青心中暗自思量,自己的学术水平自当不应满足于浙大的本科毕业,终是要出国留洋,拿个洋博士的学位回来扬眉吐气的。因此,尽管时局动荡,吴浩青一直在为出国留学做准备。

吴浩青平日勤俭节约,省下积蓄,准备自费出国留学。1946年后,吴浩青自己在沪江大学任教,每月工资四百多,夫人倪锦云在民本中学任

图3-6　吴浩青40年代末摄于沪江大学校园

---

① 《上海理工大学志》编纂委员会:《上海理工大学志(1906-2006)》。北京:高等教育出版社,2006年,第20页。

教，两人的生活并非十分宽裕，但是为了储存足够的留学经费，平日生活自奉甚俭，从不铺张浪费。经过一段时间的积累和经营后，通过在美堂兄吴尊爵的关系，购买了 900 美元的外汇，以备日后赴美留学时使用。吴浩青原本准备等再筹备一些钱后再申请美国留学，但是这次他错信了堂兄吴尊爵。1948 年年底，吴尊爵回国，而此时，吴浩青寄存在他那里的 900 美金已经被挥霍殆尽。吴浩青气愤异常，与吴尊爵几经交涉，最终无果，不了了之。吴浩青自费出国留学的愿望因此而破碎。

抗战胜利后，苦难的中国人民终于迎来了和平，渴望过上安定的生活，然而国民党蒋介石无视民意、一意孤行，妄图消灭共产党，国共两党之间的矛盾冲突日益加剧，最终导致 1946 年内战全面爆发。这一时期的民主人士和知识分子对国家和民族的前途十分担忧，为建立民主政权而积极奔走。回到上海后，吴浩青纯朴的爱国情怀再次被激起，他在专注于实验室的同时，也十分关注国内形势的发展，关心国家和民族命运的走向。由于上海的讯息传递较为便捷，吴浩青常常阅读《观察周刊》等杂志，查看最新的时事评论，对日益紧张的局势和国统区的渐趋严重的经济危机感到担忧。国民党的特务统治造成国统区弥漫着白色恐怖，人心惶惶，不断有学生、市民等走上街头游行示威。

1947 年，国内学生爆发了"反饥饿、反内战、反迫害"运动，南京、北平、上海、天津、武汉等全国各大城市爆发了大规模的学生游行示威，罢课、请愿、示威给当局造成很大的压力，国民党当局出动军警进行镇压，大批学生被捕。学生的抗议行动得到民主人士的同情。这一年，吴浩青对国民党当局镇压学生的暴力行动极为不满，他参加了上海人权保障会，并在《大公报》上发表联名宣言，抗议国民党逮捕无辜学生和民众。

全国性的反饥饿反内战学生运动以后，国民党当局对各地学生民主运动实行高压政策，加紧制造白色恐怖。10 月 26 日，国民党中统浙江调查室秘密逮捕了浙江大学学生自治会主席于子三，对其进行连续刑讯，并于 10 月 29 日将于子三迫害致死。于子三的惨死，点燃了浙大师生的愤怒之火。30 日上午，浙大学生自治会召开全校学生大会，宣布罢课 3 天。下午，1200 余名浙大学生，冲出校门，在杭州举行盛大游行，沿途散发申诉书，发表演讲，揭露当局迫害学生的罪行。11月后，浙大罢教、罢课、罢研、罢工。浙大校长竺可桢也亲赴南京向国民党教育部申诉，并向媒体发表讲话，揭露国民党当局的劣行。"于子三事件"得到全国各界的同情。身为浙大校友的吴浩青，对国民党当局如此残暴对待自己的母校极为愤慨，很快，便投入到抗议国民党当局暴行的示威游行队伍中来，严正谴责国民党的暴行。此时的吴浩青已经对国民党政府彻底失去了信心，他逐渐意识到，作为一个知识分子，他要做的，不仅仅是搞好自己的学术研究，而且对国家、对民族、对社会的发展和前途，都应承担起一份责任，一份义不容辞的责任。

之后，吴浩青在实验室以外，积极投身于公共事业活动中，陆续加入中国科学工作者协会、中苏友好协会、上海市大教联、中国化学工业建设协会、新民主主义青年团等组织。1949年8月，吴浩青出任沪江大学事务委员会主席、校务委员会委员。

在沪江大学任教期间，吴浩青教学科研相关的资料保存下来的材料很少，只知道他在沪江教授物理化学和有机化学课程，并指导这两门课程实验。不过，吴浩青晚年最得意的三位院士学生，有两位是受教于吴浩青在沪江化学系任教期间的，他们是汪尔康和沈之荃。他们俩都是1948年进入沪江化学系，由吴浩青直接指导。关于此本书第六章还会详细介绍。

沪江的生活虽然有些不如意之事，但总体上吴浩青在沪江的六年生活是安定幸福的。沪江安排的教职工宿舍砖瓦结构，整齐卫生，是在蓝田时的土坯房子所不能比的，上海的生活设施和条件也比之前好得多。和夫人倪锦云的生活十分和睦，长子吴杰、次女吴蕙、次子吴全陆续在沪江出生，一家人其乐融融。那时候的吴浩青风华正茂、一表人才，虽然清瘦，但是身姿挺拔、英气逼人，平日里喜欢穿一身青灰色的西装，总是打理得整整齐齐、干干净净，带着时髦的金丝边框眼镜，显得十分的斯文和精致，举手投足之间，其风采气度，都极为温雅优美。

1949年，吴浩青升为沪江大学副教授。

第四章
锑的电化学研究

院系调整进复旦

1952年全国高校院系调整是中国高等教育发展史上影响最深远的事件之一。新中国成立伊始,党和国家便开始对旧有的高等院校进行调整,其调整的重点是将综合性高校调整为以工学、师范、财经政法等专业划分的院校,以适应国家恢复建设时期对专业人才的需要[①]。院系调整成为众多高校发展史上的一次转折,也是许多老一辈科学家、教授、学者学术道路上的一次重要调整,吴浩青也就是在这个时候从沪江大学进入复旦大学,此后便将自己的一生献给了复旦,献给了电化学。

复旦在这次院系调整中,尽管也有不少院系被拆分出去,比如农学、法律、建筑等,但同时接受了更大批的其他高校的文理院系进入,这其中就包括了沪江大学化学系在内,吴浩青就是在这个时候进入复旦的。

---

① 初期全国高等学校院系调整文献选载 1951—1953。《党的文献》,2002 年第 6 期。

化作春泥　吴浩青传

图 4-1　50 年代复旦大学校门

复旦大学小范围的院系调整工作，从新中国成立初就已经开始了。1949 年秋，教育部指示将上海私立暨南大学新闻系并入复旦大学新闻系；1950 年 9 月，将复旦大学生物系海洋组并入山东大学；1951 年 4 月，复旦大学土木工程系并入交通大学；1951 年 7 月，复旦大学教育系并入新成立的华东师范大学[①]。

1952 年开始大规模的院系调整。8 月至 9 月底，浙江大学、交通大学、同济大学、大同大学、沪江大学、震旦大学、圣约翰大学、南京大学、金陵大学、安徽大学、上海学院等校的相关系科陆续并入复旦大学。这次调整，连同 1949 年 8 月以来的调整，新复旦由复旦、浙大、交大、安大、同济、暨南、南大、英士、华东新闻学院等九所公立大学，大同、大夏、光华、中国新闻专科学校、民治新闻专科学校、中国学院六所私立学校，圣约翰、沪江、震旦、金陵四所教会学校，共计 19 所高校的有关系科合并组成。复旦是当时全国院系调整中组合高校最多的大学之一。与此同时，复旦财经学院会计、统计、企业管理、银行、贸易、合作六个系及统计、

---

①　严玲霞：建国初期复旦大学的院系调整。《世纪桥》，2008 年，第 6 期。

贸易、银行三个专修科调出，组成上海财经学院；农学院的农艺、园艺、农化三系调至东北沈阳，新建沈阳农学院；茶叶专修科调至安徽大学农学院；法学院法律、政治两系调出，与圣约翰等9所高校的法律、政治等系合并组

图 4-2　1953 年吴浩青在指导学生电化学实验

成华东政法学院，校址在原圣约翰大学；社会学系被撤销；外文系德文组调出，并入南京大学。

院系调整使得江、浙、皖、沪地区最著名的一批专家和学者进入复旦，如苏步青、吴定良、顾颉刚是中央研究院院士，卢鹤绂、吴征铠、谭其骧、谈家桢、周同庆、顾翼东等是在各自学科领域内取得杰出成就的知名教授。同时调入复旦的还包括一大批青年学者和学生，这批青年学者中，后来成为两院院士的有：谷超豪（2009年获得国家最高科学技术奖）、胡和生、石钟慈、夏道行、陈耀祖、金鉴明、关兴亚、丁大钊、邓景发等。一时间，复旦师资力量大为增强。随着大批院系的调入，大量的图书、仪器设备等也随之进入复旦。复旦的校园基本建设、教育经费、教职工人数等都快速增长。对于许多综合性高校而言，院系调整是一次重大损失，但对于复旦而言，确是一次强强联合，众多大师汇聚复旦，成就了复旦第一次快速发展期。

院系调整过程中，复旦的应用型专业被调整出去，保留并从其他高校调入文、理基础学科，使得原来综合性大学变成类似于西方的文理学院。尽管如此，复旦在这次院系调整中获得了重大的发展，成为这次院系调整的受益者，综合实力迅速提高，一跃成为东南地区甚至全国综合实力最强的高校之一。

吴浩青原先任教的沪江大学是一所教会学校，院系调整时，全国的教会学校被分解取消，沪江大学所属院系分别被划归复旦、华东师范大学和

上海财经大学等。同吴浩青一同从沪江大学调入复旦的，还有生物系的黄文几（后成为著名的动物学家）、物理系的周世勋等。

院系调整后的复旦大学化学系汇聚了一大批著名教授。当时化学系由原浙江大学化学系主任吴征铠（中国科学院资深院士）教授执掌，队伍包括原浙江大学化学系教授于同隐、助教陈耀祖（1991年当选为中国科学院院士），原交通大学化学系教授顾翼东（1980年当选为中国科学院化学学部委员，院士）、朱子清（著名有机化学家），原同济大学本科生邓景发（进入复旦后成为吴浩青的学生，并于1995年当选为中国科学院院士）。调整后的化学系下设无机化学、有机化学、分析化学和物理化学四个教研组，现在的高分子系就是从有机化学教研组分化出来的。一时间，复旦化学系可谓人才济济。

五六十年代的政治环境与科研

尽管复旦在院系调整中接纳了东南地区诸多高校的科研人才，但是50年代的政治、经济环境并非十分有利于科研工作的开展。一方面是接连不断的政治运动使得独立自主和具有创新性的科学研究无法开展；另一方面国家经济困难、财政紧张，也给科学研究带来诸多障碍。

五六十年代的政治运动和政治氛围，可以说对科学研究产生极大的束缚。吴浩青后来回忆道："科学发展的最基本条件是社会安定……我记得50年代的时候，由于种种原因，搞科研的人不大敢写学术论文，怕人家说"白专道路"，论文都不敢写，创新精神就很难说。那时候搞了颇具声势的批资产阶级学术权威，先批美国化学家鲍林的共振论，再批美国生物学家摩尔根的基因论，又批美国物理学家爱因斯坦的相对论，连爱因斯坦都敢批，所向披靡了。"[1] 紧张的政治氛围对学术的影响远不仅局限于对资产阶

---

[1] 胡守钧：《社会共生论》。上海：复旦大学出版社，2006年，第233页。

级学术权威的批判，也深入工作生活中的方方面面。

1957年反右运动中，由于对政治形势估计过于严重，采取了大鸣、大放、大字报、大辩论的形式，在全国范围内展开了一场群众性的政治运动，之后反右运动被严重扩大化。大批响应党的号召，仗义执言的知识分子和民主党派人士被打成右派，尤其以农工党主席、民盟中央副主席章伯钧、罗隆基、储安平等人，因在"大鸣大放"中提出两院制设计、"党天下"等言论而成为全国最大的右派。反右运动过程中，全国范围内有55万人被打成右派。

复旦的反应相当迅速。1957年6月18日，在政治风向刚刚转向不久，全校学生便在登辉堂集会，"痛斥反党反社会主义谬论"，召开反右派斗争的全校誓师大会。6月24日甚至全校停课，组织师生认真深入学习毛泽东《关于正确处理人民内部矛盾的问题》，开始全面的反右斗争[①]。历史系教授陈仁炳、外文系主任孙大雨、历史系教授王造时、物理系教授王恒守、生物系教授张孟闻、新闻系主任王中、中文系主任陈子展等一大批著名教授以及学生被打成右派。

在这轰轰烈烈的群众性运动中，科研人员无法独善其身。1952年经胡曲园介绍，吴浩青加入了中国民主同盟。此时章伯钧等民盟中央领导被打成右派后，民盟复旦支委也不得不参与批判，公开向中央表态，谴责右派言论。在这种情况下，正主持化学系工作的吴浩青不得不表态，批判章伯钧、陈新桂、储安平等忘记了自己的身份，失去了政治立场，是不欢迎人民民主专政，看不惯共产党的领导的表现[②]。许多学者都被卷入到这场政治斗争中，在政治高压面前，不少学者违心地说了一些批判的话，包括数学家苏步青也说，"现在是需要盟员独立思考的时候。我们的思想还不纯洁，有错误就要改，只要不是别有用心就好。章伯钧、罗隆基要是不承认错误，经不起考验，下次就不承认他们对民盟的领导"[③]。哲学系教授全增嘏、新闻学院舒宗侨等民盟成员，都曾迫于形势，发表过类似的言论。

[①] 吴中杰：《复旦往事》。桂林：广西师范大学出版社，2005年，第83页。
[②] 复旦大学民盟盟员谴责章伯钧罗隆基等的错误言论。《人民日报》，1957年06月13日。
[③] 同②。

图4-3　复旦大学化学楼

在反右运动的政治背景下，1957年复旦化学系在制定学科发展规划时，明确将奋斗目标定为：在两年内（1958—1959）全组成员依靠党的教育，力求改造，每人积极争取锻炼为左派[1]。不仅要批判右派，而且要不断地进行思想改造，自觉发展成为左派，这自然给正常的教学科研工作造成巨大的冲击，甚至在教学问题上，也要"加强毛泽东思想学习，提高教学质量也要政治挂帅。"[2]

1960年1月4日，吴浩青主持召开化学系研究生工作会议。会议第一项议题便是强调要加强毕业研究生的思想政治工作，因为这批1956年招进来的研究生中，有好几个已经因为思想政治问题被开除出去，这是一个极大的浪费和损失[3]。可见政治运动已经直接冲击到人才的培养。政治运动使得老师们变得小心翼翼。在这次会议上，张才庚建议，对于今年（1960年）新招进来的学生，尤其要注意又红又专……这点是几年以来研究生工作的经验教训[4]。次日在主持化学系规划小组会议时，又有教师强调要"一

---

[1]　电化学教研组规划，吴浩青（化学系49）电化学教研组规划。复旦大学档案馆。

[2]　吴浩青（化学系69）1960年系务会议记录：部分26，1960年2月27日化学系全系教师大会。复旦大学档案馆。

[3]　关于研究生培养工作的会议，1960年1月4日，1960年系务工作会议记录。复旦大学档案馆。

[4]　1960年系务工作会议记录。复旦大学档案馆。

切都要政治挂帅"①。

反右运动并不是 50 年代政治运动的全部，实际上，从新中国成立初的知识分子思想改造、土改，到后来的"三反""五反"、反胡风思想、以至反右运动等等一系列接连不断的政治运动，无不将知识分子卷入运动的漩涡，政治气氛十分紧张，学术研究只能在符合意识形态的条件下进行，难以进行独立自主的思考和研究，遑论学术创新。

50 年代国家经济困难、财政紧张也在一定程度上限制了科学研究的开展。新中国成立以后，尽管经过三年恢复建设，经济形势有所好转，但是总体上财政状况仍然相当紧张。"一五"计划开始后，国家的主要财政投入工业建设，农业和手工业发展落后，以至于上海等大城市出现了严重的粮食危机②，1955 年 8 月上海开始实行"粮食定量"政策，普通居民每人每月定量供应 24.19 斤粮食③，许多人不够吃。50 年代末，由于政策上的左倾冒进失误，人民公社和大跃进造成粮食大幅度减产，国民经济严重困难。1959 年中央下拨复旦的经费 500 万，但是 1960 年急剧下降到 100 万④。这也相应地给化学系的科研工作带来了困难。从保存下来的当时化学系会议记录看，"厉行节俭"成为这一时期化学系会议的一个重要话题。由于经费困难，许多设备的购置要压缩，科系之间能够合用的设备尽量合用，设备能在国内购买的就不要进口，以便最大限度压缩开支。1960年 3 月 16 日吴浩青主持召开教研主任及秘书会议的时候，要求大家节约科研经费，严格控制设备的购买，并反复强调器材的使用要精打细算，像电子管之类的器材在当时都属于紧缺器材，是整个化学系共用的器材。有时候为了节约器材和实验药品，甚至不得不减少学生做实验的时间和次数。

---

① 1960 年系务工作会议记录。复旦大学档案馆。
② 陈熙：1955—1956 上海首次城市人口紧缩与粮食供应。《当代中国史研究》，2011 年，第 3 期。
③ 上海市居民定量供应 1955 年 10—12 月综合材料。上海市档案馆，档号：B6-1-9-49。
④ 吴浩青（化学系 69）1960 年系务会议记录。1960 年 1 月 5 日系务会议记录。复旦大学档案馆。

主持复旦化学系工作

1957年9月24日,吴浩青出任化学系副主任,此时吴征铠先生担任系主任。同时,电化学教研组从物理化学教研组中独立出来,由吴浩青任教研组主任。此后,吴浩青逐步开始主持化学系的行政工作,引导复旦化学系的发展方向。

院系调整刚结束时,科研工作还没有正式开始,1955年复旦才开始招收研究生,吴浩青的科研工作也大致从这时候开始。1952年以后的一段时间内,化学系主要的精力都集中在教学上,而不是科研。当时的教学是以教研组为单位进行的,吴浩青发现,教研组这种工作方式非常有效,因为老师们备课常常需要大家一起讨论,当时吴浩青主讲物理化学,那么他在上课之前,要向教研组汇报备课情况,大家也非常认真听,之后又进行讨论,在这相互切磋和探讨过程中,彼此达到信息、资源的共享,也能不断提高自己的教学水平[1]。这一时期,吴浩青配合吴征铠先生,在应对政治运动、提高教学水平、改善仪器设备条件等方面做出积极的努力。

图4-4 1957年11月于沈阳北陵

---

[1] 任重道远、学无止境——吴浩青院士访谈录。见:燕爽主编:《复旦改变人生·笃志篇》。上海:复旦大学出版社,2005年,第23页。

1960年11月，吴浩青出任化学系系主任，全面主持化学系工作。

这一年，电化学教研组安排张志炳讲授电极过程动力学课程，吴浩青讲授电化学选读课程；周伟舫讲授物化与胶化课程，并由周伟舫和邓景发负责学生的实验课程①。

复旦大学档案馆保存了自1960年吴浩青就职以来主持的历次系务会议记录，这使得我们能够重新观察吴浩青在化学系的主要行政工作。与之前的会议记录相比，吴浩青上任以来，召开各种会议的频率明显增加，仅1月份召开大小会议8次，涉及到的主题主要围绕提高教学质量问题展开，包括研究生的考核方式、四年级学生进行科学研究的准备工作、学生考试的方式、未来课程安排和教学安排、提高学生的外语水平、以及应付上级的思想政治学习工作、建立实验器材管理制度，厉行节俭，等等。

建立了全国第一个电化学实验室是吴浩青在这一时期为化学系做出的突出贡献之一。50年代中后期，国家经济困难，科研经费不足。这一时期，在教学科研中反复强调节约问题，在化学系则强调节约试剂的使用，注重保养仪器。通过吴浩青的工作日记我们可以看到，吴浩青主持工作的时候，常常将节约问题列为会议的首要议题②。

1955年，上海市拨出一笔专款，为复旦大学化学系筹备实验室，主要由吴浩青负责此项事宜。国家利用有限的资源，支持复旦筹建实验室，这让吴浩青非常感动。那一段时间吴浩青为了实验室的建设日夜奔波，购置仪器设备，不少仪器设备需要从国外进口，往往颇费周折，比如有一台标准电容箱，国内无法生产，在苏联购买也遇到了困难，最后几经周折，在匈牙利买到。经过大约两年，到了1957年，终于建立了"复旦大学双电层结构、电极表面性质实验室"，并建立了测量双电层电容、表面吸附、交流阻抗的方法和实验系统，成为我国高校第一个电化学实验室。这个实验室四周全由屏蔽电子干扰的铜丝网包裹，连门都是特殊材料制作。由于经费条件有限等因素，实际上实验室面积很小，人待在里面时间长了很不舒服，可吴浩青高兴得不得了，珍惜得不得了。他说，"物资本来就匮乏，国

---

① 吴浩青（化学系76）化学系1960-1961学年教学任务。复旦大学档案馆。
② 吴浩青工作日记MR02-59-007。复旦大学档案馆。

家能给我们这样的优惠、这样的支持，很不容易了。"由于当时实验设备还不具备可自动记录数据的功能，他专门买了个闹钟放在床边，半夜闹铃一响，就赶紧起床摸到实验室去记数据。这个电化学实验室从此便成为中国电化学人才培养的重要基地。

吴浩青担任系主任一直到"文化大革命"开始，1978 年又恢复原职，继续担任系主任至 1983 年。吴浩青对化学系的发展建设倾注了大量的心血，做出了突出的贡献。不过人无完人，1966 年 3 月化学系党总支对吴浩青的一份评价中称，吴浩青学术上民主作风很差，个人说了算，影响部分同志的积极性[1]。吴浩青在 1952 年对自己的一份自传评述中，也提到自己在工作中自我为中心、独断专行、未能很好地团结群众的特点，以至于影响到和同事的关系[2]。

电池及其缓蚀剂的研究

吴浩青一生的科学研究，主要集中在对电池的机理及其研制上。

世界上最早的电池，可以追溯到"莱顿瓶"。1745 年，荷兰莱顿大学马森布洛克在电学实验时，无意中发现把带电体放在玻璃瓶内可以把电保存下来。莱顿瓶的发明使物理学第一次有办法得到很多电荷，并对其性质进行研究。1752 年，富兰克林在其著名的费城实验中，用风筝将"天电"引了下来，把天电收集到莱顿瓶中。1800 年，意大利利帕维亚大学的物理学教授伏打（Alessandro Volta）受生物电引起青蛙腿痉挛现象的启发，将含食盐水的湿抹布，夹在银和锌的圆形板中间，堆积成圆柱状，制造出世界上最早的电池——伏打电池。由于伏打在电池上作出的贡献，伏打也被作为电压的单位一直沿用至今。

缓蚀剂（Corrosion Inhibitor）系指在金属的腐蚀介质中，加入少量即

---

[1] 吴浩青（人事处 64-18）对吴浩青业务及政治思想的评价。复旦大学档案馆。
[2] 吴浩青（人事处 65-4）干部自传。复旦大学档案馆。

可使其腐蚀减低的物质。在电池中，缓蚀剂的作用在于减少电池的自放电。在20世纪后半期，汞被作为电池主要的缓蚀剂加入电池中，以减少电池自放电现象。汞能够在锌的表面形成汞齐化锌，提高氢析出的电位，析氢速率变小，降低锌电化学腐蚀的共轭反应速率，使得电池自放电减少。

在传统的干电池，如锌锰干电池中，加入汞盐（主要是 $HgCl_2$）作为缓蚀剂，以抑制电池的自放电现象。在电池存放时，能够有效抑制腐蚀，同时又要求在电池工作的时候，不会妨碍锌的放电，汞能够很好地满足这一要求，因为汞能够大大提高氢在锌上析出的过电位，抑制了腐蚀反应的阴极过程，而对腐蚀反应的阳极过程，即锌的溶解，基本上没有影响。就是由于汞的这种特性，几十年来，电池行业一直用汞盐作为缓蚀剂来抑制电池的自放电。然而，汞有剧毒，带来较为严重的环境污染[1]。

早在50年代中后期，吴浩青便开始了对缓蚀剂的研究。1957年，吴浩青测定了钢样在0.1M盐酸中的氢电过程，在各个溶液中的阴极极化曲线和阳极极化曲线，并发现磷酸钠对钢样腐蚀的阻抑功能是和静电位与极化电极电位之差有密切关系的。这篇文章后来发表在《化工学报》1957年第1期，吴浩青在后来的回忆中，对这项研究感到非常骄傲，因为这是在当时极端困难的条件下的智慧结晶[2]。后来吴浩青及其研究团队还对气相缓蚀剂、不同缓蚀剂对钢、铜的缓蚀效果进行了研究。

锑的零电荷电势研究

对于锑的零电荷电势的测量，是五六十年代吴浩青在电化学研究领域取得的最重要的科研成果，甚至也是其一生中最重要的研究成果之一。

---

[1] 熊岳平、曹学静、多晶琪、王鹏、黄楚宝、周定：锌锰干电池中有机缓蚀剂作用机理的探讨。《电源技术》，1995年，第2期。

[2] 任重道远、学无止境——吴浩青院士访谈录。见：燕爽主编：《复旦改变人生·笃志篇》。上海：复旦大学出版社，2005年，第23页。

1980年吴浩青当选为中国科学院学部委员（院士），主要也是凭借这项成就。

院系调整之后，吴浩青便逐渐将自己的研究领域集中于电化学，尤其是锑的电化学性能研究。在这之前，他的研究兴趣颇为广泛，有机化学、无机化学、物理化学等皆有涉猎，其在《美国化学会志》上发表的芳香氨基醛及酮的论文，属于有机化学领域，与电化学关系并不大。从宜山到龙泉，再到蓝田、溆浦，再到上海，吴浩青辗转多所高校任教，但是年轻的吴浩青心中一直念念不忘出国留学，因此他保持了相对宽广的研究兴趣，并不刻意将自己局限于一个相对狭小的研究领域中，他希望有朝一日到大洋彼岸，经过对化学领域的全面掌握之后，再选定一个或者若干对国计民生和国家经济建设能够产生重大推动作用的领域，作为自己为之奋斗终生的方向。

重组之后的复旦化学系，汇聚了一批当时华东地区最优秀的学者，一时间人才济济。而此时，"一五"计划正在全国范围内如火如荼地实施，全国各条战线都在为国民经济的恢复和建设干得热火朝天。这股建设热情也感染到化学系的师生。在经过两三年的整顿之后，化学系开始招收研究生，科学研究工作再次启动。在这种背景下，吴浩青逐渐放弃了出国留学的念头，开始认真思考自己的科研方向。

据复旦化学系江志裕教授回忆，最初在50年代全国院系大调整时，化学系的许多专业都合并过来了，那么，一些上化学课的教授和副教授就要重新选择研究的方向和领域。当时吴浩青认为，国家正在大规模进行工业化建设，工业化必然需要大规模的电气化，电化学在将来必定会派上大用场，电池在国民经济的各个领域包括冶金、电子设备、仪器仪表、通讯设施甚至是人民群众生活的方方面面都是不可或缺的，因此他相信，电化学研究对国民经济建设和人民生活的改善有着积极的实际应用价值，也必然会受到国家的重视。此后，吴浩青就选择了电化学，逐渐减少其他领域的研究，而将重心集中在电化学上来。

由于锑是我国四大丰产元素之一，全世界95%的锑产自中国，但长期以来对于锑的开发利用比较薄弱。如何开发利用我国这一丰产元素，便成为摆在化学研究者面前的一个重要课题。而要对其开发利用,首先要弄清楚锑的化学性能。吴浩青最初的设想是将锑的开发和电化学研究结合起来,开发锑的电化学潜力,直白地说,就是想制造新型化学电池——锑电池。

尽管我国锑的储存量很高,但是之前对锑的化学性能研究几乎是一片空白。加上当时国家科学研究的设备设施落后,外汇又极为紧张,科研设备的进口还受到欧美国家的限制,科研条件十分艰难。但是,要想开发利用锑,利用锑开发化学电源,就必须对其电化学性能有所掌握。而零电荷电势,又是诸多电化学性能指标中最为基础、最为重要的一个。吴浩青四下查阅相关的英文、俄文等文献,当时国内所能找到的实验设施,思前想后、反复斟酌,认为尽管要测量锑的零电荷电势困难重重,但是这是利用锑的电性能必须打通的一个关节点。吴浩青最终下定决心:就从这里开始!

这项研究在国内属于首创,在国际上,苏联科学家已经开展了较为深入的研究,并建立了相关的实验室。1928年,苏联科学家弗鲁姆金(A. H. Frumkin)提出电化学反应的双电层结构理论。所谓的双电层结构,是描述电池反应过程的化学现象,各种电化学反应,不论发生在工业电解池还是日常用的电池中,都有一个共同之处,它们都是在电极和溶液之间很薄的界面内进行的。当金属和电解质溶液接触的时候,会产生两种现象:一种是溶液中的金属离子转移到金属电极上,使它带上正电荷;另一种正好相反,金属电极把离子转移到溶液中,使得溶液带上负电荷。电极表面的电荷从溶液中吸引异号离子,而排斥同号离子,这样,在金属表面和靠近金属表面的薄层溶液中,各带符号相反、数量相等的过剩电荷,这就形成两个电子层,即所谓的双电层[1]。弗鲁姆金提出双电层理论后,当然需要实验数据进行证明。双电层即意味着有不带电的情况,即在一个特定的电位下,正负抵消,那么电荷就等于零了,如果弗鲁姆金的双电层理论成立的话,那就应该存在零电荷电势。弗鲁姆金将零电荷电势定义为当电极表面

---

[1] 吴浩青、李永舫:《电化学动力学》。北京:高等教育出版社,1998年,第1页。

剩余电荷为零时的电极电势[①]。为此,苏联科学院建立了一个弗鲁姆金电化学实验室,并用低汞作为电极来检验双电层理论,他们测定了汞在 Na_2SO_4 溶液中的零电荷电势为 $-0.19V$。

当时新中国的外交政策"一边倒",全面向苏联学习,苏联科学家在电化学反应方面的研究成果,为吴浩青的研究提供了重要的参考。实际上,测定零电荷电势是一个难度极高的实验,苏联科学院当时的仪器设备是非常先进的,但是他们仍然耗费将近两年的时间,才完成对汞的零电荷电势的测定工作。当时国内不仅缺乏现成的实验室,许多必要的仪器设备也没有,甚至一些基本的实验器材,都难以满足需要。因此吴浩青面临的第一个困难就是仪器设备问题。他想仿照苏联,在复旦也建立一个类似的电化学实验室,但是他首先不得不想办法解决各种仪器设备问题。

前文已述,经过吴浩青的几番奔走,1955 年上海市拨出一笔专款给化学系,用于购买仪器设备,许多国内无法制造的实验设备,需要从苏联和东欧国家进口,当时国际环境紧张,进口设备十分不容易,需要走很多层关系,加上国家的外汇也很有限,要从无到有筹备一个实验室,其难度之大可想而知。经过两年多的奔走筹办,许多进口设备到位,一些实验器材也陆续购置齐备,终于在 1957 年,吴浩青筹建成立了我国高校第一个电化学实验室——双电层结构电极表面性质实验室,为锑的零电荷电势实验提供了坚实的基础。当时全世界用于测量零电荷电势的电化学实验室仅有苏联科学院一家,复旦化学系的这个电化学实验室,是继苏联科学院电化学实验室之后的第二个。对于自己一手缔造了这个实验室,吴浩青欢喜不已,对其疼爱至极。他天天呆在实验室中摆弄仪器设备,他总是小心翼翼对待这些仪器,就像手中捧着的是自己新生的婴儿一般,紧张而又兴奋,不允许有一点点的闪失,甚至不允许你用不恭敬、不谨慎的态度来对待它们。

正当吴浩青为研究锑的电化学性能的各项准备工作如火如荼地展开时,一场突如其来的急性肝炎让吴浩青倒下了。这场病来得十分突然,出乎人们的意料。他不得不暂时放下他心爱的实验室和锑的电化学研究准备

[①] A.H. 弗鲁姆金等, 著:《电极过程动力学》, 朱荣照, 译。北京:科学出版社, 1965 年, 第 26 页。

工作，住进了第二军医大学的附属医院，进行治疗。

病情稳定后，吴浩青按捺不住对实验室的向往和电化学研究的迫切心情，觉得不待在实验室，看到他的那些实验设备，心里总是发慌。无奈何，病情的反复让其不得不在相当长的一段时间内都必须接受住院治疗。

1959年林志成的到来，改变了这一进退维谷的局面。

林志成在厦门大学化学系毕业，1959年投到吴浩青门下，成为吴浩青当时唯一的一个研究生。病中的吴浩青对于林志成的到来十分高兴，因为他终于可以摆脱病体的束缚，让这个新来的学生代他继续做锑的电化学实验了。于是，吴浩青将自己的整个实验室，包括其中所有的宝贝设备，统统交给了林志成。

这倒是让新来乍到的林志成慌了神。

要知道，吴浩青一向十分爱惜实验室的仪器设备，加上当时进入三年困难时期，国家经济十分困难，化学实验中对于仪器和药品的使用是十分节俭的，这一时期化学系系务会议上经常摆在首位的议题就是实验器材和药品的节约使用问题。将整个实验的全套进口的设备交给一个研究生使用，这是多大的信任！林志成纵有千种万种理由，也无法回绝导师的这份心意。然而，这也给林志成带来极大的压力和挑战，因为林志成心里清楚，当时全世界只有复旦和苏联科学院两家有这个实验室。而且测定锑的零电荷电势这个实验要求非常高，不仅要求盐酸、氯化钾、水等实验试剂的纯度非常高，对仪器设备的要求也非常高，实验过程的操作也很难。林志成后来回忆说，"这个实验的要求，一个是难，一个是严，两个字，又难又严。"因此，林志成对自己能否完成导师交托的重任，心中完全没谱。除了实验本身困难以外，林志成心中的犹豫，还出于他对锑的应用前景缺乏信心。尽管没有系统地研究，但是林志成觉得锑的电极价值似乎不是很大，锑的电位在诸多金属元素中并不突出，用锑作为电极材料开发高能化学电源的前景比较有限。因此，林志成心中对于这项实验的应用价值并不乐观。当他向导师表达自己的忧虑时，吴浩青表示说，因为锑是中国的丰产元素，世界产量第一，我们有责任弄清它的电化学性能，寻找它的应用之道。导师意见明确，态度坚决，林志成便不好再说什么。于是，吴浩青在病房里构思实验方案,林志成在实验室进行操作,一度中断的锑的电化学实验,在师生二人的配合之下,又重新启动了。

林志成来到吴浩青一手创办的实验室中,望着四下崭新又陌生的仪器设备,心中的滋味有些复杂,他不知道是该为自己高兴还是难过,受到导师如此器重固然是好事,但要完成如此艰巨的实验任务对他一个本科刚毕业的研究生来说,着实太难了。既然已经在病榻前承应了导师的要求,那就放下顾虑好好干吧。林志成首先要做的,就是按照苏联科学院弗鲁姆金实验室的实验方案,将他们测量汞的零电荷电势的实验重做一遍,以便掌握这项实验的方法和技术要点。好在林志成之前已经大体掌握了俄文,可以较为方便地阅读相关的文献资料,大约经过半年时间的摸索,林志成将这套实验的原理和前前后后的技术要点掌握了,并将实验装置搭建起来。为了检验装置的有效性,林志成用汞电极进行了测验,以便检验装置是否能够准确测量金属的零电荷电势,结果显示是准确的。不过,单是这个检测,便耗时将近两个月的时间。这之后,才正式开始对锑的研究和测量。

实际上,由于汞是液态金属,测量汞的零电荷电势是相对容易的,但是对于固态金属锑,则困难得多,也更加严格。

首先是整套实验装置使用的这些玻璃仪器全部需要推克斯玻璃,包括电解池和蒸馏用的容器,都用这种特殊的玻璃。这种推克斯玻璃的特点是纯净度高,稳定性好,杂质少,是进行这项实验的必需品。当时国内尚不能生产这种玻璃,实验室的推克斯玻璃都是之前吴浩青从德国进口来的。后来60年代初上海玻璃厂研究成功仿制的推克斯玻璃,吹制的。校玻璃厂的蔡祖泉先生亲自为吴浩青和林志成的实验吹制这种玻璃,吹制一步,他要退一步,吹制一步,退一步。单单是为了做这些设备,蔡祖泉在玻璃厂便花了一两个月时间。林志成晚年回忆起当年的情景时,非常感激地说:"蔡老师也是真帮忙,真帮忙。他可能也是看在吴老师面子上,真帮忙,把这些设备弄出来。不是很容易的事情啊,你随便的做,不是很容易做得出来的。"

实验所有的水,都要两次蒸馏,蒸馏出来的水,前面1/3倒掉,取中间1/3,最后1/3也倒掉。再做第二次蒸馏,去掉前1/3,留中间1/3,最后 1/3 也去掉。这样保持水的绝对纯净，而且都要用电导仪进行测量，保证比电导小于 $1\times 10^{-4}\Omega^{-1}\cdot cm^{-2}$，而且蒸馏出来的水不能长时间搁置，要马上进行实验。因为若搁置时间过长，会吸收空气中的二氧化碳，破坏纯净度。使用的盐酸也是采用分析纯盐酸经过三次蒸馏，每次取中间的 1/3；氯化钾是光谱纯试剂，需要进行重结晶；1-甲基正戊醇是分析纯试剂。林志成光是准备这些试剂药品，就颇为费神，因为一不小心，任何一项药品受到污染，纯度无法满足需要，整个实验就无法进行。

另一项核心的试剂就是锑电极。锑电极的制备也是需要极高的实验技能。锑电极是将直径为 0.03cm 的铂丝封闭于玻璃管中，在其表面电镀锑而成。电镀过程是 0.1g 的三氧化二锑与 2g 盐酸联氨和 20mL 浓盐酸混合溶液，稀释至 250mL，制备成电镀溶液，导入密封的玻璃管中，加热至 60–80℃，通入 $1mA/cm^2$ 的电流，历时 2 小时，才电镀完成，制备成锑电极。

以上是实验的准备工作，由于精度要求相当高，实验药品制备过程中不能有一丝的马虎，任何一个环节出现了纰漏，都会造成实验的失败。

实验的过程需要更加娴熟和复杂精准的操作。首先需要将实验溶液置于电解池中用纯氮进行饱和，然后用 0.5mA 的电流进行电解 50 个小时，然后再分别置于不同的电解池中，使用电极为 –0.9V 的阴极极化 12 个小时，以便除去锑电极表面形成的氧化膜，然后不断充入氮气，直到测量开始。具体的实验装置和过程记录在《锑的零电荷电势》一文。

由于实验要求近乎苛刻，林志成耗费两年时间，才得以完成对锑的零电荷电势的测量。在这个两年漫长而艰涩的实验过程中，吴浩青和林志成解决了一个又一个的困难，跨过一道又一道的障碍，大到实验方案的设计、实验装置的配置，小到蒸馏水的放置时间、橡胶管的清洁等各个环节，都需要仔细推敲和琢磨，由于实验精度要求非常之高，任何一个环节的疏忽都会给实验数据造成严重的影响，其中有些环节不得不重复多次，才达到理想的效果。比如说实验装置的连接，苏联科学院的装置都是用弹性玻璃管——弹簧玻璃，但是国内无法生产，进口也有困难，林志成求校玻璃厂的蔡祖泉帮忙想办法做出这种弹簧玻璃，以保证气密性，但是当时的技术条件真没办法生产，不得已，林志成只好用橡胶管反复清理，以求达到最好的纯净度。类似这种困难在实验过程中时常出现，需要师生俩不断动脑筋想办法解决。

最初吴浩青患肝炎住院，林志成每周到病榻前向他汇报实验的进展一到两次，后来吴浩青身体渐渐康复，但病情不够稳定，常常需要休养，不过，只要他精神稍好，就一定要到实验室去看看，即便只是来走走看看，他的心里也会充实些。

这样，老师负责实验方案的设计和理论分析，学生负责实验的操作和实施，师生二人分工合作，配合默契，使得这项实验尽管艰难，但却不断深入。不过，毕竟当时的林志成实验操作技能有限，吴浩青身体不适，又无法在实验上给与足够的指导，这造成起初一段时间实验进展缓慢。这时候，负责实验室工作的周伟舫给林志成很多的指导。周伟舫当时是化学系的助教，他的实验操作能力极强，甚至较吴浩青也略胜一筹。周伟舫的出现对实验的完成至关重要。林志成后来回忆到："我在他（周伟舫）那边学了很多技术，没有这些东西，就没有这种可能（指实验）"。周伟舫的指导帮了林志成很大的忙，也帮了吴浩青很大的忙。尽管感觉到导师吴浩青和周伟舫之间可能存在一些矛盾和隔阂，但林志成作为学生，当时一心只顾着实验，谁有技术就向谁学习，并不太理会院系里头老师之间的问题，他还曾向张志炳请教理论上的问题，而张志炳这位留苏归来的副教授和吴浩青之间实际上并不融洽。对于周伟舫的帮助，吴浩青也看在眼里，在最初公布的实验结果数据的论文中，周伟舫即署名为第二作者[①]，只是在后来正式发表论文时，吴浩青才将周伟舫的名字从作者名单中去掉。

经过两年的摸索和反复实验，吴浩青和林志成终于得到一套锑的零电荷电势的数据。在这之前，苏联学者对锑的零电荷电势公布了三个不同的数据，分别是：波·瓦塞宁（Б.Н.Васенин）在 1953 年报导锑的零电荷电势的近似值为 −0.77V；Е.А.乌克舍（Е.А.Укше）在 1955 年报导为 +0.38V；卡巴诺夫（Б.Н. Кабанов）的实验数据则为 0V，数据之间很不一致，各执一词，争论不下。当时的学界相信，这三个数据中，至少有一

---

① 吴浩青、周伟舫、林志成：锑电极的电容及其表面性质。载：《1960 年上海市科技论文选集》I-189，1962 年。

个数据应是正确的，然而，吴浩青和林志成通过坚实的实验，得到了一个全新的数据。在 1962 年吴浩青和周伟舫、林志成联合署名发表了"锑电极的电容及其表面性质"一文公布的结论是：锑在盐酸溶液中的零电荷电势可能值是 $-0.19V$[①]。次年，吴浩青等公布了 9 条锑电极在 0.010M 盐酸溶液中的电容－电势曲线，部分结果如图 4-5 所示：

从微分电容—电势曲线确定了锑的零电荷电势为 $-0.19\pm0.02V$[②]。

吴浩青的数据再次引起学术界对锑的零电荷电势数据的争议。同事张志炳并不太相信吴浩青的实验数据，他在林志成的毕业论文答辩

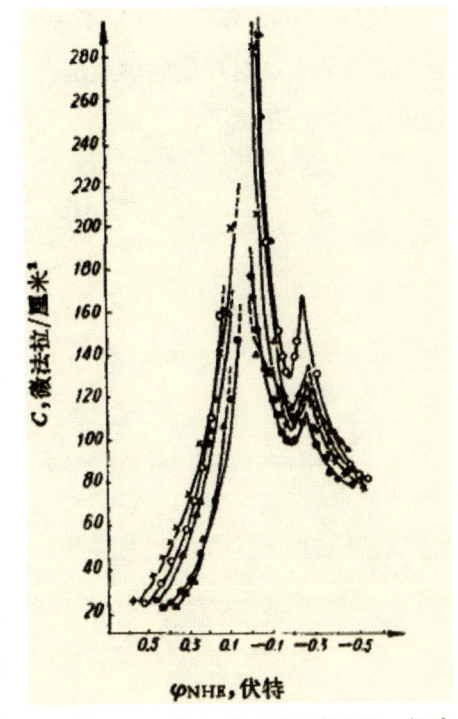

图 4-5 锑电极在 0.010NHCl，频率 5000 赫兹时，电容－电势曲线

时也曾公开表示对数据的怀疑。林志成后来回忆称，数据是真实的，他在实验中获得很多条数据，但每次实验的质量有好有坏，最终的实验数据是需要从众多的实验结果中选取最合理的数据，进行优化选择，也不是一开始就能得到那么完美的数据的。林志成毕业后，被分配到湖南大学化学系。吴浩青为了击退怀疑的言论，后来又让研究生董明光再次重复了这个实验，实验得到的结果与林志成做的结果是完全一致的。

1965 年，苏联科学家伏·库科兹采用了硬度法研究了锑的零电荷电势，获得的结果是 -0.2 伏，与吴浩青发表的数据相当接近，进而证明了吴浩青数据的准确性，也逐步得到学界的认可，后来在许多电化学的著作中，都引用了吴浩青测定的锑的零电荷电势数值。吴浩青在他 91 岁高龄

---

① 吴浩青、周伟舫、林志成：锑电极的电容及其表面性质。载:《1960 年上海市科技论文选集》I-189，1962 年。

② 吴浩青、林志成：锑的零电荷电势。《化学学报》，1963 年 4 月，第 2 期。

时回忆称:"1963年在《化学学报》上发表了锑的零电荷电势数据并得到世界的公认,这对我们的事业是一个莫大的鼓舞。我的科研工作也就是从这里才算真正开始了。"①

---

① 任重道远、学无止境——吴浩青院士访谈录。见:燕爽主编:《复旦改变人生·笃志篇》。上海:复旦大学出版社,2005年,第25页。

第五章
锂电池及其嵌入反应研究

新时期的学术交流

"文化大革命"结束以后,整个国家社会的生活秩序逐渐回到正轨上,压抑十年之久的阶级斗争乌云渐次被廓清,阳光重现。牛棚和干校里的老科学家们拍拍身上的尘土,收拾收拾被批斗得蓬乱的仪容和心情,重新回到自己的科研岗位上。中国的科技文化事业在中断了十年之后,又重新起航了。

新时期的复旦校园也是万物复苏,一派欣欣向荣。1978年世界著名数学家苏步青先生执掌复旦,出任校长,而享誉海内外的著名物理学家谢希德则出任副校长一职,并于1983年出任校长,由此开启了复旦校史上辉煌的"苏谢时代"。

苏步青为复旦带来了清风正气,复旦的校风为之一新。学术独立、思想自由的风气弥漫在复旦的各个角落。"自由而无用"开始成为复旦人的灵魂。谢希德校长与时俱进,极力推动复旦师生与国外学术界之间的交流。复旦大学 80 年代初出国的学者，大部分是由谢希德送出去的。当时"文化大革命"刚结束不久，许多人的思想还很保守禁锢，谢希德却毫不犹豫与国外积极联系，把复旦师生送到国外去深造。后来据海外许多学者反映，也是从那时起他们才突然接触到许多复旦学者，长期以来"与世隔绝"的复旦因此在国际上声名鹊起。

1978 年 7 月 7 日，中共复旦大学委员会做出关于撤销吴浩青同志原审查结论的决定，决定认为"文化大革命"中对吴的审查是错误的，一切诬陷不实之词应予推倒，消除影响。吴浩青深深地松了一口气，重整旗鼓，回到自己的实验室，开始规划新时期的研究方向。

长期以来，对外交流几乎断绝，新时期首先要做的，就是走出国门，了解世界先进国家的化学研究的最新进展。

1978 年 8 月，吴浩青出任中国化学工作者代表团团长，率田绍武、查全性、杨文治、徐积功赴英国、匈牙利参加化学领域的国际会议。

吴浩青这次的欧洲之行，首站是英国剑桥大学。这年 8 月 6 日，吴浩青率领代表团抵达英国剑桥大学物理化学系，参加在这里举办的为期三天的第九次国际光化学会议。国际光化学会议是旨在加强各国光化学家及光

图 5-1　1978 年 8 月于布达佩斯参加第二十九届国际电化学年会（右一杨文治；右二吴浩青；右三查全性；右四田昭武）

物理学家之间的学术交流的高层次学术会议。我国化学工作者代表团首次参加会议，受到了会议的组织者——英国剑桥大学物理化学系 B.A.Tbrush 教授的热情接待[①]。

光化学会议结束后，紧接着又参加同在剑桥大学举办的第二次国际太阳能光化学转化与储存会议，会议时间是 8 月 10—12 日，有 29 个国家约 300 人参加会议，报告了 75 篇论文，会议围绕如何利用太阳能展开，光电化学电池是这次会议的重要主题之一[②]。会议结束后，吴浩青等在剑桥物理化学系进行了短暂的访问。8 月下旬，便带团前往匈牙利，因为要去参加在匈牙利首都布达佩斯举办的第二十九届国际电化学会年会。

国际电化学年会是电化学科学规模最大的国际性组织。当年该学会内设置了七个科学分组：电解质与电化学热力学；电化学物理；电化学动力学与电分析；有机及生物电化学；电化学能量转换；腐蚀与电化学表面处理；电化学工程 8 月 28 日至 9 月 2 日，国际电化学年会（International Society of Electrochemistry，ISE）在匈牙利布达佩斯技术科技大学举办了第二十九届年会，吴浩青率团参加了此次电化学会年会，这也是我国电化学工作者首次参加该协会的年会[③]。从其学科分支看，ISE 与吴浩青的研究领域密切相关。这次欧洲之行共参加了三个学术会议，并对国际上电化学领域开展的高能电化学研究有了切身的体会。

1981 年 9 月 26 日至 10 月 31 日期间，受联合国教科文组织安排，吴浩青和于同隐、邓家祺三人赴日本、美国进行"大学化学实验室"考察、访问。于同隐先生是著名的高分子化学家，早年毕业于浙江大学化学系，和吴浩青师出同门，并于 1951 年获得密歇根大学博士学位，院系调整时从浙大进入复旦。邓家祺是复旦化学系培养的科学家，擅长电化学研究。三人于 9 月 26 日抵达日本大阪，开始对日本进行访问。28 日，他们来到大阪市立大学，了解化学专业博士生、硕士生教学、培养情况；29 日，他们访问了大阪府立大学，了解本科生课程设置，课程博士、论文博士的区

---

① 李长林：第九次国际光化学会议。《化学通报》，1979 年，第 01 期。
② 吴浩青：第二次国际太阳能光化学转化与储存会议。《化学通报》，1979 年，第 2 期。
③ 田昭武：第二十九届国际电化学会年会简介。《化学通报》，1979 年，第 2 期。

别、收费情况等,并考察该校实验室设备、污水处理中心设备;30日,他们访问了国立大阪大学,重点了解高分子方面的研究工作,并参观了物化实验室、测试中心。

10月2日,吴浩青三人前往日本京都,参观了京都岛津仪器制造厂,得知日本正在试制ESCA,对日本人注重自主研发先进仪器的做法很赞赏。京都环境极为优美,优雅宁静,鸭川潺潺溪水穿城而过,吴浩青一行在京都待了三天。

10月5日,吴浩青等前往东京,并访问了东京大学,由日本化学学会会长Prof. Hoda陪同参观计算机中心、放射中心等。6日,他们访问东京工业大学,对该校污水处理,化学修筛电极感兴趣。7日,又参观东京理化研究所,对该所研制的(高分子)人工血管、导电性能好的高分子膜印象深刻。日本的访问结束后,他们便动身前往美国。

10月8日—31日,吴浩青、于同隐、邓家祺三人赴美参加联合国科教文组织的化学教育考察团,访问了纽约州立大学石溪分校、宾夕法尼亚大学、密歇根大学、西北大学、芝加哥大学和加州伯克利分校等。

图5-2 吴浩青(中)在日本京都(右为于同隐,左为邓家祺)

1982年1月12日至25日,应邀赴香港中文大学讲学,并访问了香港明达电池厂。

走出国门看世界,一系列的出国考察,让吴浩青了解了世界电化学领域的发展前沿,同时也感到在国内开展电化学研究的紧迫性。这时候的吴浩青已经将目光瞄准了高能化学电源锂电池的开发上,并展开了一系列的锂电池的实验。在大量实验数据的基础上,吴浩青提出了锂电池的嵌入反应机理。

1984年9月，吴浩青赴英国布莱顿（Bringhton）参加第十四届国际能源会议时，首次提出"锂在共轭双键高分子中的嵌入反应机理"，引起与会代表的高度关注。

除了参加国际会议、出国考察外，吴浩青作为化学电池研究领域的权威，这一时期还经常参加国内的学术讨论会议，并到各地为急于了解电池知识的学生、技术员等讲授电化学相关课程。1982年10月，吴浩青前往青岛中国科学院海洋研究所和山东大学讲学，主题为锂电池的放电机理。1983

图 5-3　1981 年 10 月吴浩青（中）与于同隐（右）、邓家祺（左）

图 5-4　1982 年 10 月在青岛中科院海洋研究所讲学

年3月25至29日，吴浩青应邀参加于无锡举办的中国第二届快离子导体学术讨论会，作题为"固态离子学中的电化学嵌入"的学术报告。10月10至15日，又应邀前往安徽大学讲学，讲授的内容包括物理化学前沿、电化学的现状和展望、嵌入化合物的物理化学、锂电池及其放电机理、固体的电解质和光电化学等。12月28日，前往湖南长沙，为长沙半导体材料厂的技术员工作题为"Li/MnO_2 电池的工艺"学术讲演。1984年2月27至29日，又奔赴江苏常州电池厂，为该厂的技术工人讲学，题目为"锂电池的近代发展"。80年代的吴浩青焕发了第二次学术生命，为中国的电化学事业积极奔走，这一时期，他将自己的科研重心转移到对锂电池的研究上来。

锂电池的发展历程

锂电池[①]的研究始于 20 世纪 60 年代。由于锂是自然界最轻的金属元素，密度仅为水的一半，且又拥有金属中最低的电负性，标准电极电位是 −3.045V（以氢电极为标准），因此，以锂为电池负极，选择适当的正极材料，再加上合适的电解液，就可以获得较高的电动势，组装成具有很高比能量的电池。正是锂的这些优良性能，使得科学家们对于锂的电化学开发给与了极大的关注[②]。

早期的锂电池研究，是为了发展高比能量的锂蓄电池，正极材料多选用 CuF_2、NiF_2、$AgCl$ 等无机物，其中，CuF_2 的实验电池的比能量超过 300Wh/kg，单从电极电位上看，这些材料作为锂电池的正极还是比较理想的。但问题是，这些正极材料容易溶解于有机电解液中，电池结构材料也无法承受电解液的长期腐蚀，因此无法形成长储存寿命和长循环寿命的使用电池。

到了 70 年代初，科学家们发现了某些金属硫化物（如 CuS、Ni_2S_3 等）、聚氟化碳（CF）n，氧化物（SO_2、MnO_2）和 $Ag_2C_2O_4$ 等正极材料在有机电解质中性能稳定，放电性能好，这时，锂电池在正极材料的选择上才有了新的突破，发展步伐大大加快。1970 年，日本松下电器公司的福田雅太郎研制成功了锂氟化碳电池 Li-$(CF_x)_n$，解决了正极材料在电解质中的溶解问题，开发出了具有实用性的锂电池，使得锂电池的研究走出实验室，并投入生产，转化为商品。这项技术突破甚至被誉为 1971 年全日本的十大新产品之一。1976 年，日本三洋电器公司推出了锂二氧化锰电池 Li/MnO_2，并首先在计算器上得以应用。从 70 年代初的锂氟化碳电池开

---

① 锂电池可以分为两大类：锂原电池和锂离子电池。人们所熟悉的手机电池，即是锂离子电池，通常简称锂电池。

② 陈军、陶占良、苟兴龙：《化学电源——原理、技术与应用》。北京：化学工业出版社，2006 年，第 288 页。

始，日本的锂电池研究始终处于世界领先地位，锂电池的生产也大幅度增长，1988 年产量已经超过 2.3 亿只，成为当时世界上推广利用锂电池最好的国家。

美国是世界上最早开始研究锂电池的国家之一，用锂、钠等活泼金属作为电池负极的想法最初就是在 1958 年由一名加州大学的研究生提出的。1970 年，美国建立了动力转换有限公司（Power Conversion Inc.），专门从事 Li-SO$_2$ 锂电池的研究和开发，并于 1971 年正式投入生产，商标为"Eternacell"。该电池主要应用于军事领域。

法国在 20 世纪 60 年代也开始了对锂电池的研究工作。SAFT 公司的 Gabano 博士在 1970 年首先获得了 Li/SOCl$_2$ 电池的专利权，不久，该公司又开发出 Li/Ag$_2$C$_2$O$_4$ 电池[①]。

锂电池的基本结构，是由负极、正极和电解液三大部分组成。负极材料当然是金属锂，而正极材料和电解液则多种多样。锂电池的研究，实际上可以看作是一个不断探索寻找合适的正极材料和电解液的过程。正极材料首先要求具有较高的比能量，这样与锂负极相匹配，就可以形成较高电压的电极对；其次，最好是不溶解于电解液中，也不与电解液起反应；此外，最好具有导电性，成本尽可能低，尽量无毒、不易燃，这些是科学家们在寻找正极材料时候主要考虑的因素。常见的电极材料有 SO$_2$、SOCl$_2$、（CF$_x$）$_n$、CuO、MnO$_2$ 等。

寻找合适的电解液也是锂电池研究中的重要组成部分。电解液是在电池正负极之间起到传导电子作用的离子导体，它本身的性能及其形成的界面在很大程度上会影响电池的性能。由于金属锂与水会发生剧烈的化学反应，甚至于爆炸，因此，大多数的锂电池都采用非水的电解液。非水电解液包括有机和无机两大类。无极电解液像亚硫酰氯（SOCl$_2$）和硫酰氯（SO$_2$Cl$_2$）溶液，在锂电池中既是电解液，又充当正极。而有机溶液则是锂原电池中最通用的电解液。电解液的选择对锂电池的性能发挥起到至关重要的作用，首先要求不能与金属锂发生化学反应，其次作为电解液应该具

---

① 李国欣：《新型化学电源技术概论》。上海：上海科学技术出版社，2007 年，第 260 页。

有很高的离子传导性；再次，应该在较为宽广的温度内都能保持液态，这样可以使电池在不同的条件下工作，此外，最好是无毒、不易燃。常见的电解液有 AN、γ-BL、1，2-DME、PC 和 THF。这些有机溶剂的导电性很差，所以通常会添加适当的锂盐（如 LiCl、LiClO$_4$、LiBr、LiAlCl$_4$、LiGaCl$_4$、LiBF$_4$、LiAsF$_6$、LiPF$_6$），以达到增强导电性的目的[①]。吴浩青开始研究锂电池之前，业已开发成功的锂原电池主要有以下几种[②]。

（1）Li/（CF$_x$）电池。锂/聚氟化碳电池以锂为负极，以固体聚氟化碳为正极材料，电解液则可采用多种，包括 LiAsF$_6$-DMSI（亚硫酸二甲酯）等。最先由日本和美国在 1968 年开始研究，1970 年日本松下电器公司研制成功，并在次年的国际电化学会议上正式宣布，之后投入生产。其化学方程式为：

$$n\text{Li}+（\text{CF}）_n \rightarrow n\text{LiF}+n\text{e}$$

（2）Li/MnO$_2$ 电池。最早于 1976 年由日本三洋电极公司（Sanyo）研制成功。这种锂电池用二氧化锰作为正极材料，电解质用 LiClO$_4$ 溶于碳酸丙烯酯和乙二醇二甲醚混合溶液中。这种锂电池储存性好，无公害，安全性强，短路不爆炸，但是大电流放电较差，主要应用于电子手表、计算机、助听器、照相机等设备中。其化学方程式为：

$$x\text{Li}+\text{MnO}_2 \rightarrow \text{Li}_x\text{MnO}_2$$

（3）Li/SO$_2$ 电池。锂/二氧化硫电池于 1971 年研制成功并获得专利。这种锂电池以二氧化硫为正极，以二氧化硫、电解质盐、溴化锂、溶剂乙腈等混合溶液为电解质。这是最早的能够大量应用于军事的锂电池，1976 年挪威陆军将这种锂电池作为通信设备的电源。这种电池采用了卷式电极结构，隔膜为聚丙烯，外壳为镀镍钢。

$$2\text{Li}+2\text{SO}_2 \rightarrow \text{Li}_2\text{S}_2\text{O}_4$$

---

① 李国欣：《新型化学电源技术概论》。上海：上海科学技术出版社，2007 年，第 271-273 页。

② 档案：吴浩青锂电池 MR02-353-009，复旦大学档案馆馆藏。

（4）Li/SOCl₂电池。锂/亚硫酰氯电池以锂为负极、碳为正极，以一种非水的液体 SOCl₂/LiAlCl₄ 为电解液组成。由于 SOCl₂ 的沸点（78.8℃）和冰点（-110℃）范围宽，使得这种锂电池能够在一个宽广的温度范围内工作。可用作通信、心脏起搏器电源等，1976年美国海军用于监视浮标、北极浮标、海底地震仪等。电池反应：

$$4Li+2SOCl_2 \rightarrow S+SO_2+4LiCl$$

（5）Li/Ag₂C₂O₄ 电池。法国 SAFT 公司于 1970 年开始研究，1973 年研发成功并投入生产。法国 SAFT 公司生产出一种扣式锂电池（容量 120mAH），其高温储存性能优良（100℃下一个月，常温下一年均无容量下降），可用于心脏起搏器和电子手表。其化学方程式为：

$$2Li+ Li/Ag_2C_2O_4 \rightarrow Li2C_2O_4+2Ag$$

此外还有 Li/CuO 电池、Li/Bi₂O₃、Li/Pb₃O₄、Li/Bi₂Pb₂O₅、Li/Ag₂CrO₄、Li/FeS₂、Li/MoS₂ 电池、锂水电池和锂/碘电池等。其中，锂/碘电池属于固体电解质电池，于 1968 年开始研制。1971 年 12 月，锂/碘电池已经作为心脏起搏器电池在动物体内进行实验。1972 年 3 月，第一次在意大利植入人体成功。

与其他电池相比，锂电池具有下列优点：①比能量高，是普通锌锰电池的 2-5 倍；②比功率大，并且可以大电流放电；③电池电压高达 3.9V，而普通锌-锰干电池为 1.5V，镉-镍电池为 1.2V；④放电电压平稳，大多数一次锂电池具有平稳的放电电压；⑤工作温度范围宽和低温性能好，锂电池可以在 -40—70℃温度范围内工作；⑥储存寿命长，锂电池的湿储存寿命长达 10 年，这可能与锂表面形成的钝化膜阻止锂腐蚀有关[①]。

上述的各种锂原电池都是一次性使用的电池，不可充电使用。金属锂二次电池的开发和研究比一次锂电池稍晚，但也在 20 世纪 70 年代初便开始。1972 年，美国 Exxon 公司推出了可循环充电使用的 LiTiS₂ 电池，20 世纪 80 年代末，加拿大 Moli 公司成功推出了 LiMnS₂ 二次电池。最初的研

---

① 曹红葵：对锂电池现状及发展趋势的综述。《江西化工》，2009 年，03 期。

究工作集中在金属卤化物、金属氧化物和其他可溶性的正极材料上,但是做成的电池自放电率高,效果差强人意。到20世纪80年代中期,真正开发成功的锂二次电池的,仅有加拿大Moli公司的Li/MoS$_2$电池,但是由于安全原因,这种电池最终也未能走入普通家庭。90年代以后,科学家们大多将目光转移到更有前景的锂离子电池身上,锂二次电池的研究,逐渐湮灭在锂离子电池的研究热潮中。

锂二次电池研究的衰弱,主要受限于锂枝晶问题。金属锂电极在充放电过程中易产生锂枝晶,若锂枝晶从极板脱落,则与极板的电接触断开,不能继续充放电;若枝晶逐渐生长,则可能刺穿隔膜,延伸至正极,导致内部短路,引起火灾或爆炸。由于80年代科学家无法解决锂枝晶问题,导致了锂二次电池研究的衰弱和商品化的失败。

锂二次电池的研究失败后,研究人员转向研究锂离子电池。与锂原电池不同,锂离子电池以碳作为负极,正极活性物质采用锂金属化合物,如 LiCoO$_2$、LiNiO$_2$、LiMn$_2$O$_4$ 和 LiFePO$_4$ 等,电解质溶液为锂盐,如 LiPF$_6$、LiClO$_4$、LiN(CF$_3$SO$_2$)等。1980年,Goodenough等提出以LiCoO$_2$作为锂二次电池正极材料的设想,1985年发现可以用碳材料作为锂电池的负极材料,这样,1990年日本的Nagoura等就开发出了以石油焦炭为负极,LiCoO$_2$为正极的锂离子电池,日本Sony公司宣布推出这种以碳作为负极的锂离子电池产品。这样,锂离子电池在1991年正式实现了商品化。

锂离子电池采用碳材料取代锂原电池中的金属锂作为负极,正极则采用锂与过渡金属的复合氧化物,如 LiCoO$_2$。之所以被成为锂离子电池,是因为在这种电池的正极、负极和隔膜中,锂都是以离子的形态存在。在充电过程中,Li$^+$从LiCoO$_2$的晶格中脱落,经由电解液,嵌入到负极的碳的晶格中,形成新的化合物Li$_x$C;在放电过程中,Li$^+$从Li$_x$C中脱嵌,又经由电解液,重新回到正极,这时电压逐渐下降。在充放电的过程中,锂离子在正负极之间来回摆动,因而被成为"摇椅式电池 Rocking chair battery",可以反复充电和放电。此外,由于采用碳材料作为负极,而不再是活泼的金属锂,因而可以避免锂枝晶的产生,从根本上解决了困扰锂二次电池的安全问题[①]。

目前，锂离子电池所采用的正极材料主要是 $LiCoO_6$、$LiNiO_2$、$LiCo_{1-x}Ni_xO_2$ 以及 $LiMn_2O_4$、$Li_{1-x}Mn_2O_4$、$LiMyMn_{2-y}O_4$ 等可以和锂生成嵌入化合物的过渡金属氧化物；而负极材料则主要采用碳材料，如石墨等。

从锂原电池到锂离子电池，锂电池的发展十分迅速，并在越来越多的领域中得到应用。目前已经普遍地应用于笔记本电脑、手机、摄像机、照相机等数产品，并在航空、航天、航海、小型医疗器械以及军用设施中得到应用。由于锂离子电池属于一种无毒无污染的绿色环保化学电源，随着可持续发展观念的深入人心，发展绿色无污染能源日益迫切，国际社会对锂电池的研究开发给与越来越多的关注。1991年美国能源部和电力研究所与三大汽车公司（通用、福特和克莱斯勒）组成的"美国高能电池协会"，以及日本由内政部与索尼等公司共同制定的关于研究新能源电池的"新阳光计划"，对锂离子电池的发展都曾起到重要的推动作用[②]。

中国属于锂资源储量大国，锂资源储量为110万吨，2008年的产量为3500吨。盐湖卤水锂矿主要分布在青海、西藏、湖北等地，矿石锂主要分布在四川、江西、湖南、新疆等地。丰富的锂矿资源是我国发展锂电池得天独厚的优势，自上世纪80年代末以来，我国陆续建立了若干中小型的锂电池厂，生产锂二氧化锰电池、锂亚硫酰氯电池等。我国于1992年开始生产锂离子电池，目前已经具备较强的生产研发能力，但距日本、美国等锂电强国还有一定距离。2012年在国家九部委整治铅酸电池行业的背景下，锂离子电池的发展步伐明显加快，锂离子电池取代铅酸和镍氢电池成为未来电池行业发展的必然趋势，锂离子电池在通讯、电动工具、UPS、电动汽车、电动自行车等领域所占的比重越来越大，在信息、能源、交通、军事等领域都有广泛的应用前景。

---

① 李国欣：《新型化学电源技术概论》。上海：上海科学技术出版社，2007年，第320页。
② 吴浩青：绿色化学电源——锂电池。载：上海市对外文化交流协会，编：《院士展望二十一世纪》。上海：上海科学技术出版社，2000年，第150页。

对锂电池嵌入反应的研究

由于"文化大革命"等政治运动的影响,当六七十年代国际上对锂电池的研究如火如荼地开展时,我国的学者仍疲于应对政治斗争压力。1978年中国学术重新恢复之时,国外的锂电池研究已经开发出了成熟的锂原电池产品。

吴浩青是国内最早进行锂电池研究的学者。改革开放之初,吴浩青便开展对锂电池的基础理论研究。之所以选择锂电池作为自己的研究方向,一方面是由于锂是我国的丰产元素,研究锂电池,开发出新型能源,对于我国经济建设具有重要实际意义,另一方面,锂电池具有电压稳定、电容量高、使用寿命长等优点,可以代替当时普遍使用的银-锌电池,可以为国家节省大量的贵金属银[①]。这两点原因,吴浩青曾在多份材料中提到,国家的需要是吴浩青科研事业的重要动力。

吴浩青在锂电池研究上最大的贡献是深化了锂电池嵌入反应机制。80年代初,尽管早期的锂原电池等投入生产已有十余年的历史,但是学术界对于锂电池的放电机制一直没有定论。日本学者认为,锂/氧化铜电池是传统的氧化还原反应机理,但是吴浩青并不这么认为。在此之前的1972年,美国科学家提出了锂电池在放电过程中的嵌入反应。所谓"嵌入",是指放电过程中,锂离子插入正极材料的层状结构中,而正极材料的原有结构保持不变。"嵌入"需要有两个互动的要素,一是"宿主",例如层状化合物,它能够提供空间让锂离子进入;二是锂离子,它们在嵌入宿主时,宿主的晶格结构保持不变。锂嵌入反应示意图见下图[②]。

吴浩青对锂电池放电机理的研究也是从嵌入反应开始的。既然锂电池在层状结构中是嵌入反应,那么在非层状结构氧化物中,锂电池的放电过程如何?对于这个问题,当时尚未有研究。探讨这个问题对于寻找新的正

---

① 吴浩青(KYHX04-19 391):锂电池及其放电机理。复旦大学档案馆。
② 黄彦瑜:锂电池发展简史。《物理》,2007年8期,36卷,643-651页。

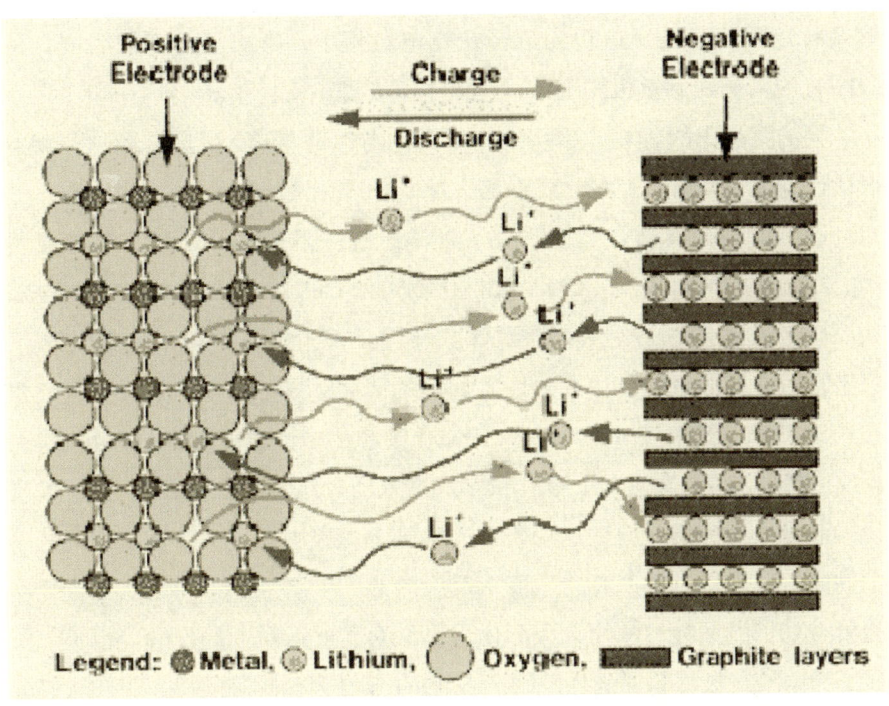

图 5-5　锂嵌入反应示意图

极材料有着极为重要的指导意义。吴浩青首先对非层状结构的 TiO_2 进行实验。吴浩青和他的学生们以 TiO_2 为正极材料，以金属锂为负极，以无水 $LiClO_4$ 溶于碳酸丙二醇酯（简称 PC）和乙二醇二甲醚（简称 DME）的混合溶剂为电解液，制成实验用的 Li/TiO_2 锂电池。实验过程中观察锂电池的放电过程，并用 X 射线衍射分析。实验结果表明，Li/TiO_2 锂电池本质上也是嵌入反应，是体积很小的 Li^+ 在放电时"电化学嵌入"TiO_2 晶格内部的间隙位置，嵌入之后形成了新的化合物 $LiTiO_2$。而在充电过程中，Li^+ 又可以有效地从 $LiTiO_2$ 中"脱嵌"，回到负极，具有很好的可逆性，因此，吴浩青认为，TiO_2 可以用于制作锂二次电池的正极材料[1]。吴浩青的这个实验证明了锂电池在非层状结构化合物中，也是嵌入反应，而是不像普通电池的氧化还原反应。之后，吴浩青还进一步测量了 Li^+ 在嵌入 TiO_2 后，形成的 $LiTiO_2$ 中的活性，实验结果表明，嵌入 TiO_2 后的锂离子，仍

---

[1] 邢雪坤、史美伦、杨清河、吴浩青：在 $Li/TiO2$ 电池中的嵌入反应。《化学学报》，1982 年，第 40 卷，第 3 期，第 201-210 页。

然具有较强的活性,这也为解释在充电过程中,锂离子的有效脱嵌,从 LiTiO₂ 脱落又回到负极的现象,提供了重要理论支持①。

吴浩青提出的锂在非层状结构化合物中也是"嵌入反应"的这一观点很快得到捷克斯洛伐克科学院海洛夫斯基物理化学研究所的数据支持②。

这一时期,吴浩青陆续研究了锂离子在一系列的非层状结构氧化物(如 Sb₂O₃ Pb₃O₄ CuO Cu₂O)③ 和硫化物(如 CuS、PbS)④ 中的嵌入反应,从而肯定了锂电池在层状和非层状的氧化物和硫化物中的嵌入反应机理。

之后,吴浩青继续深入对嵌入反应的研究。吴浩青很快发现,锂在聚乙炔、聚苯、聚苯胺、聚吡咯等高分子聚合物中,也能形成嵌入化合物,其反应机理与锂在氧化物、硫化物中的嵌入反应几乎如出一辙⑤。这个发现让吴浩青大为惊喜,他在这项研究的基础上,提出了锂在共轭双键高分子中的嵌入反应机制,并测定了嵌入反应的热力学函数和锂在这些化合物中的价态和扩散系数,从而大大深化了人们对于嵌入反应的理解,也极大扩展了锂电池正极材料的选择范围。在 1984 年 9 月的国际能源第十四次会议上,吴浩青向与会的各国科学家汇报了该项研究成果,引起国际学术界的高度重视。1987 年,吴浩青关于锂电池放电的嵌入机制研究,获得国家教委科技进步奖二等奖。

此外,吴浩青及其团队还发现,锂离子在嵌入化合物后,电阻率会大幅度降低,从而提高导电性。比如,吴浩青曾对锂离子嵌入硫化铅(PbS)进行测验,发现硫化铅的电阻为 26.79Ω,而当锂离子嵌入以后,形成的

---

① 邢雪坤、史美伦、陈民勤、吴浩青:锂在嵌入物 LixTiO2 中的扩散行为。《化学学报》,1982 年,第 40 卷,第 11 期,第 969–976 页;吴浩青:关于锂–氧化铜电池的放电机理。《电源技术》,1987 年,2 月,第 4–5 页。

② 吴浩青(KYHX04-19 357):锂电池及其放电机理——嵌入反应研究。复旦大学档案馆。

③ 邢雪坤、肖明、李川、吴浩青:锂–氧化铜电池及其反应机理。《化学学报》,1984 年,第 42 卷,第 3 期,第 220–226 页。

④ 卢文斌、周冬香、吴浩青:锂–硫化铜电池及其阴极行为的研究。《化学学报》,1986 年,第 44 卷,第 794–799 页;李永舫、吴浩青:锂在非层状硫化物中的电化学嵌入反应 I 锂在硫化铅中的嵌入过程。《化学学报》,1987 年,第 45 卷,第 1147–1151 页。

⑤ 吴浩青、戚小鹤:锂在共轭双键高分子中的电化学嵌入反应。《化学学报》,1987 年,第 45 卷,第 631–635 页。

化合物 Li △ 18PbS 的电阻率大幅度下降为 6.56Ω，即电导大幅度增加，可以有效提高锂电池的性能[①]。

80 年代吴浩青团队对锂电池研究的目的，在于为研发锂二次电池寻找合适的正极材料，并对锂电池的嵌入反应进行了深入的研究，但是他们的研究也无法解决困扰锂二次电池研发的关键难点——锂枝晶问题。

1990 年索尼公司用石墨代替锂做负极，进而推出的锂离子电池成为锂电池发展历程中的一次飞跃。由于采用稳定的石墨取代锂作为电池负极，绕开了锂枝晶问题，彻底解决了锂电池的安全性问题，因此获得电池学界的青睐，许多锂电池研究者纷纷转向对锂离子电池的研发上来。前文已经提到，锂离子电池的工作原理，是锂离子在电池的正负两极之间来回摆动，充电时，是锂离子从正极摆动到负极，并嵌入负极的碳晶格中；放电时，则是锂离子从碳晶格中脱嵌，回到正极并嵌入到正极锂化合物中，因此，嵌入反应是锂离子电池的核心工作原理，而吴浩青团队一直以来的研究重点，正是锂电池的嵌入反应机理。

在锂电池生产应用上的努力

除了在理论上对锂电池的嵌入机制进行深入研究外，吴浩青及其团队也在锂电池的生产应用方面不断努力。上世纪 70 年代末 80 年代初，锂－二氧化锰电池和锌－氧化银电池在国外已经研发成功并投入生产，但是国内的锂电池研究和生产仍然空白。吴浩青在 70 年代末期开始研究锂电池不久，便研制成功锂－二氧化锰电池，并无条件地将该项技术转让给了上海电池二厂，进入批量化生产，主要供应电子计算器使用。该项技术还于 1981 年获得轻工业部科技四等奖。

之后，吴浩青又于 1982 年研制了锂－氧化铅扣式电池，这种新型的

[①] 吴浩青（KYHX04-23 405）：Li-PbS 电池及其频谱分析。复旦大学档案馆。

扣式电池可以取代当时普遍使用的锌－氧化银电池，以达到节约用银、降低成本的效果。吴浩青也并未将这一技术作为私人秘密，而是立刻转让给长宁电池厂，帮助他们改进生产设备、改善生产流水线，并帮助他们培养了一批技术工人和干部。

此外，吴浩青及其团队在80年代还研发出了可用于商品化的锂电池 Li/Pb$_3$O$_4$ 扣式电池，并在上海电池二厂的协助下，生产出的试样电池放入上海生产的宝石花牌电子手表中正常工作11个月，可用于代替第三代电子手表中的锌－氧化银电池。在当时的情况下，如果这种锂电池可以取代进口的锌－氧化银电池，则不仅可以节约贵金属银，还可以消除汞害，减少电池漏液问题[1]。可以看出，国家的需要成为当时吴浩青进行科学研究的重要动力之一。80年代末，吴浩青曾一度希望开发出用于汽车动力电源的高能锂电池[2]。

90年代初，吴浩青团队研发出锂在二氧化锰中的嵌入化合物 Li[Mn^{+3}, Mn^{+4}]O$_4$，并进行实验测试，结果表明，这种锂锰化合物是一种性能良好的储能材料，并可用作可充电的二次电池，这种可作为二次电池的合成材料在当时国内尚属首例，国外也仅有日本和加拿大少数国家进行研制。锂锰化合物的可充电式电池后交由上海恒通公司进行生产，制成锂电池样品。该样品于1990年11月14-17日在国家专利局举办的第二届国际专利产品和新发明成果展览会上展出，名称为"ML2032型号可充式锂电池"，并获得银质奖章。1990年4月，以 LiMn$_2$O$_4$ 作阴极，以蒙脱石为固体电解质研制而成的固态可充电式电池，已经申请专利（89107578·X CN1041245A）。

1993年，在 Li$_2$MnO$_3$ 的基础上，进一步研究了锂锰复合氧化物（CDMO）作为锂电池的正极材料的电性能。锂锰复合氧化物是包括有层状结构 Li$_2$MnO$_3$ 和 γ-β-MnO$_2$ 两种化合物的复合体。90年代初，吴浩青的小组先后研究了16种无机正极材料，包括一系列的氧化物、硫化物、硫氰化合物等，并做了五种扣式电池。此外，还研究了二种有机高分子正

---

[1] 吴浩青（KZH04-10 63）：LiPb$_3$O$_4$ 扣式电池（φ11.6×h4.2mm）。复旦大学档案馆。
[2] 吴浩青（KYHX04-19 391）：锂电池及其放电机理。复旦大学档案馆。

极材料。经过这一系列的实验，吴浩青发现，聚乙炔的电性能良好，很有发展前途。

遗憾的是，尽管吴浩青及其研究团队对锂的电性能，尤其是锂电池的"嵌入反应"进行了深入的研究，但在锂离子电池的研发上，却比日本晚了一步。吴浩青先生的高徒，中国科学院的李永舫研究员回忆说："吴先生是国际上最早开展锂电池研究的学者，80年代初吴先生便提出了锂离子嵌入反应，这是世界上最早的。日本索尼公司发明锂离子电池是1990年，实际上在那之前，吴浩青的团队已经做过石墨等一系列材料的嵌入反应，包括现在用得比较多的氧化钴、钴酸锂这种嵌入反应。石墨的电位很低，氧化钴的电位很高。索尼公司做的事情，就是把石墨做负极，氧化钴做正极，两个都是嵌入反应，就发明了锂离子电池。我们就差这么一点，如果我们继续做，锂离子电池有可能是我们复旦大学发明的。"实际上，锂离子的嵌入反应原理很早就提出了，国内外的学者对此都进行了深入的研究，但是从理论到锂离子电池的发明却间隔了十余年的时间，这可能与研究人员的思维定势有关，因为锂具有金属中最低的电势，因此人们一直坚持以锂作为负极材料，而大量的工作都投入于寻找合适的正极材料上，但是这个思路却始终无法解决锂枝晶的问题。日本人对锂离子电池的研究，正是打破了以金属锂作为负极的固定思维，改用同样电位很低的石墨做负极，而用锂化合物作为正极，这样就解决了锂枝晶的问题，发明了锂离子电池。实际上锂离子电池的工作原理，早就为锂电池研究领域所熟知。

锂离子电池被日本人抢先发明，吴浩青对此事一直耿耿于怀。后来一次与物理学家王迅的交谈中非常痛心地讲到这件事情："70年代我曾从事研究锂电池，大家知道这种高性能电池现在被广泛采用，从航天器到手提电话，市场大的不得了。当时这种电池刚开始研究，很难说哪国的水平高低，国内有几个人在搞，我是其中之一。现在看到了锂离子电池炙手可热的市场，二十多年前我的论文也写了，发表了，也向研究生布置了这个课题，可后来没有搞下去，无疾而终。"[1]

---

[1] 胡守钧：《社会共生论》。上海：复旦大学出版社，2006年，第235页。

在锂电池的应用方面，吴浩青还曾研制了一种心脏起搏器电池。心脏起搏器需要电池提供能量，尽管所需要的电流很小，但是这种电池需满足长时间稳定供电的要求，不能经常打开心脏更换电池。早期的心脏起搏器电池供电持续性差，二到三年就需要更换个电池，这样就需要给病人重新开刀，风险很大。鉴于此，吴浩青便研制一种可长时间放电的心脏起搏器电池。因为锂电池移植到人体内，需要严格保证电池本身的化学物质不会外漏，因此吴浩青还专门购置了一套当时在国内最好的密封系统，用于研制心脏起搏器电池。很快，这种电池在实验室研制出来后，吴浩青便对它进行了漫长的使用寿命观测。吴浩青的学生余爱水回忆，为了检测这种锂电池的使用寿命，吴浩青常常睡在实验室里，连续监测了6年之久（指电池连续工作），较那时普遍使用的心脏起搏器电池两年多的寿命要好很多。可惜的是，后来没有继续做下去，因为一次意外，使得进行了6年的实验观测中断了。在一次上海科技成果展览会上，心脏起搏器电池也作为一项科研成果展出，可是不知道是谁，在捣鼓这个电池的时候不小心弄坏了。吴浩青大发雷霆，辛辛苦苦观测了六年的数据，就这样被毁掉了，非常可惜。后来心脏起搏器电池就没有再做下去了，因为这个实验周期太长，那时候吴浩青先生已经八十多岁了，如果再花七八年时间做这个事情，估计精力也不够了。

吴浩青在锂电池的理论研究方面走在最前沿，但是始终没有大规模转为应用。个中原因，吴浩青认为缺乏竞争的机制、创新的科研氛围是一个非常重要的影响因素。学生余爱水教授认为这与当时学校不太重视应用有关，不给配备人员和设备，在管理上也存在一些问题，吴浩青九十多岁的时候还在为筹办复旦—金马—大恒特种电源研究中心而奔走。同时陆寿蕴、高滋在访谈时认为，这可能和吴浩青先生性情耿直，没有形成强大的研究团队有关。

行政职务与学术任职

1960年11月，吴浩青被提升为化学系系主任。1961年12月，吴浩青与谷超豪、谢希德等五人由副教授提升为教授。

"文化大革命"期间,吴浩青被隔离审查,系主任的职务被褫夺,在牛棚关了近半年时间,后又先后被下放到罗店公社和上海电池厂劳动。"文化大革命"结束后,1978年8月31日,上海市教卫办批复同意吴浩青任复旦大学化学系系主任,吴浩青重新开始主持化学系的日常工作。

1978年10月26日,化学系报教育部复旦大学近代化学研究所拟设科研机构:①催化研究室;②稀土化学研究室;③高分子物理研究室;④环境分析化学研究室;⑤量子化学或理论化学研究室;⑥电化学研究室、有机化学研究组。吴浩青这一时期在不断思索复旦化学系未来的发展方向。

1980年11月,吴浩青当选为中国科学院化学学部委员(院士),化学学部常委,同月,被国务院批准为博士生导师。有趣的是,吴浩青当选为院士并不是他自己填写的申报材料,而待他成功当选院士之后,他才得知此事。心中高兴之余,曾向身边少数人打听究竟是谁帮他递交的申报材料。结果没有打探个所以然来。吴夫人在接受采访时,也提到这件事情,说并不清楚是谁递交的申报材料。在吴浩青评选学部委员的过程中,他关于锑的零电荷电势的研究成果具有很重的砝码。

这时期的吴浩青积极参与国内外的各项学术交流活动,尽管他并不喜欢出风头,但新时期为了繁荣国内电化学事业,使得化学研究尽快走上正规,吴浩青还是非常热心地在专业学会和期刊任职。

1983年11月,吴浩青被选为中国电工技术学会第一届专业委员会委员。

1984年,吴浩青担任《高等学校电化学报》编辑。

1989年,出任第五届国际锂电池会议科学顾问委员会委员,厦门大学固体表面物理化学国家重点实验室学术委员会

图5-6 1982年接待唐敖庆院士(左)

委员。

1990年，当选为中国化学会第二十三届理事会理事，并出任第二届亚洲固态离子学会顾问委员会委员。

吴浩青任系主任期间，不仅积极"走出去"，还大规模地"引进来"，邀请了许多国内外的专家学者到复旦讲学。

化学系实验室的建设在吴浩青的努力下，也取得了很大的进展。锂电池组建立了新的实验室，并拥有一套性能较高的干燥空气中进行锂电池操作的设备。为了深入研究电池反应机理，奠定坚实的基础。在吴浩青的带领下，该研究小组组织研究生奋战二三个月，建立了利用磨斯堡尔谱仪和激光研究电极反应的系统，并初步取得了有价值的研究数据。这在当时国内也是领先的。与传统的电池反应不同，吴浩青提出锂离子在非层状结构无机化合物和有机高分子导电材料中的嵌入机理。基于对这一嵌入机理的研究和探索，吴浩青领导的锂电池小组就这一主题发表了二十多篇学术论文。吴浩青对该小组的科研工作做了巨大的贡献，他不辞劳苦、热情指导、合理安排小组的科研计划，并亲自动手做实验，获取第一手的研究数据。

吴浩青卸任系主任之职后，出任化学系博士后流动站站长。

出版专著《电化学动力学》

吴浩青最重要的一本学术专著，是《电化学动力学》，1998年由高等教育出版社和德国施普林格（Springer-Verlag）出版社联合出版。这本专著并不是凭空而来，而是吴浩青几十年讲课积累下来的讲稿修订而成，因此，在介绍这本书之前，有必要先介绍一下吴浩青众多的授课手稿。

早在1955年，吴浩青在选定电化学作为自己的研究方向后不久，在系统梳理国内外电化学研究的最新进展的基础上，编撰《电化学讲义》（十万字），用作教学之用。这份手稿较为系统地介绍了电化学的学科发展状况。两年后，吴浩青又编著了《化学热力学讲义》，主要用于给研究生授课使用。

1972年，修订了自编的《物理化学讲义》，作为物理化学课程的讲稿。

1975年1月，完成《原子结构讲义》的撰写，同时，编写《化学动力基础知识及化学电源中的动力学讲义》，作为电化学及化学电源专业试用教材。

同年，对1957年编写的《化学热力学》自编教材进行重新修订。

1976年3月，修订《物理化学讲义》，作电化学专业、化学电源专业试用教材。

1979年1月，在前往欧洲参加学术会议回来之后，了解到国外化学专业普遍开设了统计热力学课程，回国之后，随即着手为研究生编写《统计热力学》(上下册)教材。

1984年，编写讲义《电化学嵌入反应中的扩散动力学》。

1985年，编写讲义《电化学基础知识讲授提纲》，作为授课之用。

1987年4月编著《锂电池放电机理——嵌入反应的研究》。

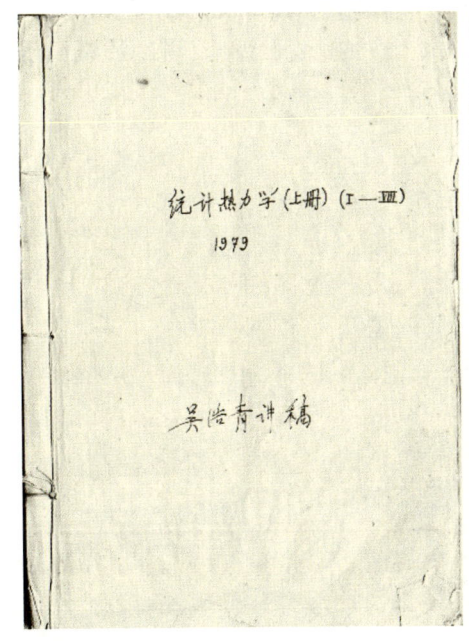
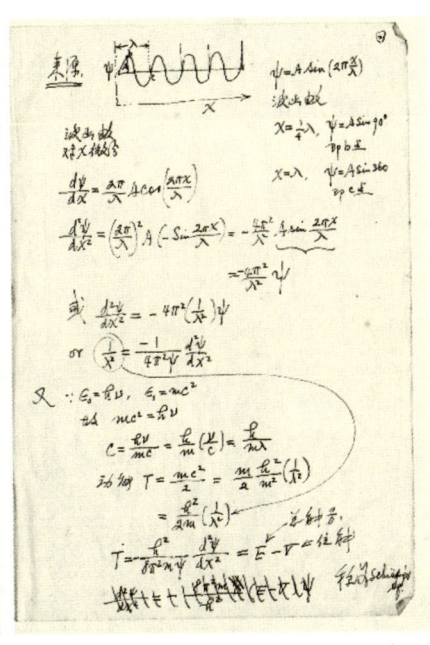

图 5-7　吴浩青编写的《统计热力学讲稿》

第五章　锂电池及其嵌入反应研究 | *111*

在电化学领域，吴浩青从教期间先后编写了十余种讲义、手稿，用于授课。在近半个世纪的教学实践中，吴浩青不断修正和完善自己的讲义，他在授课思路、讲解方式等上面投入了极大的精力，也正因如此，吴浩青讲课是讲的极好的。正是这多年的手稿积累，才有这本《电化学动力学》的诞生。这本著作介绍了电化学动力学的基本知识、研究方法和最新进展。全书共分为三个部分：前三章介绍电极/溶液界面双电层结构及其电化学反应动力学和扩散过程理论；第四至七章集中介绍重要电化学研究方法（包括电位阶跃、电位扫描、控制电流、交流阻抗）中的电化学动力学；最后两章介绍电化学动力学在半导体光电化学和电化学嵌入反应中的应用和发展。

80年代中后期，吴浩青便有出版《电化学动力学》的想法，但是由于工作繁忙，加上年事已高，在著作的质量上不肯有一点的放松，因此拖了比较长的一段时间。后来李永舫帮吴浩青整理了很多材料。李永舫本身也从事电化学理论研究，便于协助恩师编写书稿。因此，在师徒二人的合作之下，1992年8月，《电化学动力学》最终脱稿。1998年由高等教育出版社和德国施普林格（Springer-Verlag）出版社联合出版，2001年台湾出版了繁体版。

据余爱水教授介绍，这部教材在电化学领域很经典，讲的浅显而透彻，他们目前正准备将其翻译成英文出版。

图 5-8　1987 年秋武汉东湖合影（左五吴浩青，右一李永舫）

第六章
执教育人七十载

快乐的教书匠

晚年吴浩青回顾自己的一生，他认为自己就是一个快乐的教书匠。

当一名大学教授是吴浩青的夙愿。吴浩青后来回忆当年大学毕业时候的就业选择时说："大学毕业时有三份工作可就：一是防空学校的化学教官，一是扬州中学教员，还有一个是浙江大学助教。就待遇讲，前两个工作的待遇高于助教一倍多，但我选择了浙江大学助教。当然，对我来说，钱是多么的需要！因为要还债。但毕竟非我孜孜以求的初衷。自从我懂事起就立志要做一个大学教授，一面教书，一面从事研究，为国家做点有益的事，何等快乐！这是我所追求的生活。虽然这三个工作都能传授我所学的知识，但前两个只能完成我一半愿望，缺少继续研究的条件，而助教工作可满足我毕生的抱负：既育人又做学问，所以我毅然放弃待遇较高的工作机会，而选择助教。"[①] 从此，吴浩青便开始自己七十载的教书育人生涯。

---

① 孙殿义、卢盛魁，主编：《院士成才启示录》。广州：广东科技出版社，2003年，177-178页。

吴浩青大学毕业后在浙江大学化学系担任了四年的助教，并在他27岁的时候，升为讲师，这一时期，吴浩青的主要教学工作，是指导物理化学实验。1941年任教于湖南蓝田国立师范学院时，曾讲授过物理化学、普通化学、有机化学、普通化学实验、理论化学等课程。由于这一时期日寇入侵，时局动荡，且年岁久远，关于吴浩青上课的相关资料保存下来的很少。

1956年开始，吴浩青和吴征铠一起讲授物理化学课程。到复旦后，吴浩青讲授时间最长的课程，就是物理化学。物理化学这门课是化学系最艰涩的一门课程，现在仍然能听到化学系本科生对这门课程的夸张的描述。吴浩青在讲授物理化学课程时，考虑到课程内容本身比较难懂，因此不断地推敲其中的每个概念，务求深入浅出，把抽象的概念讲得生动活泼，透析易懂，受到学生的欢迎。有学生评价他的讲课风格："包容了优雅的风格和节奏，描述了科学世界中人类所面临的所有复杂问题，详尽而奥妙。"他声音洪亮，思路清晰，尤其一手好字锻造了学生们交口称赞的的吴式板书。

50年代开始，吴浩青开始讲授统计热力学课程。1955年进入复旦化学系的学生颜达予在半个世纪后给吴浩青的通信中，深情地回顾了当年在复旦听吴浩青讲授统计热力学课程的感受："您在黑板上写着很漂亮的字，

图6-1　1984年6月，复旦大学化学系电化学专业80级毕业留念（前排左六吴浩青）

从头到尾，有条有理，不快不慢地讲述统计权重等，把从微观到宏观的这座桥梁很自然地搭在我们年轻人的脑海中。虽然不多，但它是一粒种子，快50年了，它在我的思想体系中长大了。"1959年前后，吴浩青讲授电极过程动力学等，讲得十分生动，就像从箱子里掏出稀世珍宝一样，郑重其事，使得学生胃口大开[1]。80年代吴浩青参加国际学术会议时，发现国际上统计热力学课程的教材已经有了大幅度的更新，回国后，吴浩青便立即着手更新国内的统计热力学教材，补充了国际上该学科的最新研究成果，为研究生上课。吴浩青给研究生上课，都要在课前做充分的准备，后来年事渐高，有时遇到坏天气他就把学生叫到家里来授课，有时候身体着实不舒服，就把讲课的内容公公正正地写在稿纸上，让学生边听边看讲义[2]。

吴浩青不仅将自己的备课笔记整理得清晰详尽，每回开课时，头一堂课他就要求学生务必做好笔记。两周以后，吴浩青把学生们的笔记收齐了，逐字细看。大至公式推演犯了错误，小到"被"字右边一竖没有出头，吴先生都会一一修改。

吴浩青尤其重视数理基础，甚至专门请了数学老师给自己的博士生补课，并且不占自己的课时。复旦化学系教授范康年对此同样印象深刻，"他经常会来跟我们讨论，诸如针对不同阶段的各届学生，教学应该上哪些课……他甚至会把数学应该上什么，物理应该上什么，有多少学时，都安排得很仔细。过了一段时间，他还会了解执行情况和实际教学的效果。"

范康年回忆道，吴浩青当系主任的时候，最关心的事情就是学生的培养。他认为后几任的系主任对学生培养这件事的重视程度都是吴浩青先生带头起到的作用。吴浩青的"特点是对待学生非常认真，比如他给研究生们上课，有些课，最后听课的人数只有两三人，哪怕听课的人最后只是一个，他仍然是认真地备课。他总是把要讲解的内容事先写下来，现在我们有些人往往会想，反正听课的就一个人，拿起书本随便读读就行了，但他却不是这样。一次，我看到他在认真写讲稿，他对我说：'今天我要给研究生上课的。'他总是把要讲的内容事先写下来，公式也都事先推导好。"

---

[1] 2006年9月7日颜达予致吴浩青信件。复旦大学档案馆。
[2] 《人民日报（华东版）》，1996年1月10日。

吴浩青执教鞭七十年，学术界对他评价甚高。中科院院长白春礼誉他为"桃李满天下"。知名书法家胡铁生在吴浩青80大寿时曾写匾"育苗青天下，成果浩海上"赠予吴浩青，暗含其名，高度概括他一生教学、科研的成就。

正是这份执着，让吴浩青在大学的讲坛上坚守了七十年，为教育事业耕耘了一生。晚年，在回顾自己在复旦半个世纪的教学生涯时，吴浩青认为自己选择教书这条路，是走对了，因为他觉得教书很快乐！"如果命运让我重新选择的话，我想我仍然会选择做老师。现在我虽然年届九十，但我不服老，在别人惊讶的目光中我还进实验室、开组会，因为这是我的乐趣之所在，我舍不得那里。"①

他的学生们

作为一辈子都未曾离开讲坛的老教师，吴浩青在谈起自己的学生时，总是充满了骄傲和自豪。吴浩青一生育人无数，为我国的电化学培养了大批人才，具有教授、总工程师、系主任等职称和职位的学生遍及海内外，仅硕士、博士、博士后就培养了49名，其他听过吴浩青的课学生则数不清了，是名副其实的"育苗青天下"。吴浩青直接指导过的学生中，有三位后来成为中国科学院院士，分别是吉林长春应用化学研究所所长汪尔康院士、浙江大学沈之荃院士和已故的复旦大学邓景发院士。

汪尔康是吴浩青在沪江大学执教时的授业学生，1952年毕业于沪江大学化学系，毕业后即前往中国科学院长春应用化学研究所工作，长期从事分析化学、电化学领域的研究，1991年当选为中国科学院院士（学部委员）。

---

① 燕爽，主编：《复旦改变人生》。上海：复旦大学出版社，2005年，第26页。

沈之荃，1952年毕业于沪江大学化学系，与汪尔康同为吴浩青指导的学生。沈之荃主要的研究方向是高分子化学和材料学，尤其对过渡金属和稀土络合催化聚合有很深的研究。她研制出的三元镍系顺丁橡胶成为中国万吨级顺丁橡胶工厂聚合工艺的基础，并在我国丰产元素稀土的开发利用进行过系统的研究。1995年当选为中国科学院院士。

邓景发，1952年随院系调整，从同济大学进入复旦化学系，此时的邓景发刚刚在同济大学的化学系读了一年的本科。这时候吴浩青也从沪江大学进入复旦大学，吴浩青与邓景发由此开始他们长达半个多世纪的师生情缘。1955年邓景发在复旦化学系完成了他的本科教育，毕业后师从吴浩青，从事电化学研究。1959年完成了物理化学专业的研究生教育后，留校任助教，并继续从事电化学的研究。邓景发在电化学、催化等领域做出了杰出的贡献，并于1995年当选为中国科学院院士。邓景发院士继承了恩师吴浩青认真严谨的学风，在实验数据的要求上也非常严格，同时为人谦逊，对学生关爱有加。

李永舫，是吴浩青先生在"文化大革命"以后招收的第一个博士研究生，80年代，在协助吴浩青研究锂电池的嵌入反应的研究中做了大量的工作，与吴浩青一直保持着密切的联系，也是吴先生最中意的学生之一。李永舫是66届高中毕业，后来就下乡了，上大学是77级，投于吴浩青门下时，年纪已经较大了。这时候的李永舫已经有两个儿子了，由于在河南农村插队时结的婚，因而两个小孩都在河南农村读书，条件非常差。吴先生了解到这个情况后，曾让他当中学老师的儿子吴杰帮忙安排。李永舫的大儿子当时考上初中，在吴老的帮助下，进入到复旦周边的淞沪中学就读。李永舫回想此事时感慨道：

图6-2　1989年7月在复旦化学系（前排左二为吴浩青，左三为邓景发）

第六章　执教育人七十载　117

"我儿子到淞沪中学读了一年,那应该是对生活上一个很大的关心和帮助,因为小孩在农村的条件很差。他读了一年,后来我到了北京,他就转到这儿来,那要比原来直接从农村过来要好多了。作为导师来说,能想到这么细,是非常不容易的。"后来李永舫到北京中国科学院工作,师生之间的感情仍非常深厚,吴先生待李一直是非常热情真诚,李每次到上海,吴先生都亲自在家里设宴招待。李永舫现为中国科学院化学研究所有机固体重点实验室研究员。

张敏敏,是复旦大学化学系招收的首批研究生之一,对电化学腐蚀、电子元件等特别有研究,曾经担任中国科学院冶金所所长。

李国欣,现为航天部上海空间电源研究所(811所)总工程师,在空间能源研究方面为国家作出了突出的贡献。

邢雪坤,是吴浩青80年代的博士生,在吴浩青的指导下,对锂电池的嵌入反应机理做了大量的研究,现在美国Gould公司任职,掌握锂电池的核心制作技术。

吴益华,曾担任上海交通大学化学系系主任,长期从事电化学的研究。

徐萍,上海理工大学教授。

余爱水,复旦大学先进材料实验室教授。

……

图6-3 吴浩青与学生李国欣合影

若一一列举,这串名单还会很长很长,用桃李满天下来形容吴浩青七十年的教学成果,十分贴切。吴浩青带学生,从来不是挂空名,而是实实在在地指导学生,给学生授课,亲自到实验室和学生一起做实验,获取第一手的研究数据。吴浩青喜欢在实验室和学生们一起讨论问题,认为这是教学相长,不仅可以及时有效地指导学生,也能从年轻人的想法中获得新的启发[1]。

坚持亲自动手做实验

除了执教鞭近七十年外,吴浩青其最令人钦佩和肃然起敬的,无疑是其以九十余岁的高龄仍坚持在实验室亲自做实验的精神头。吴浩青认为,化学是一门实验性很强的学科,实验是化学的基础,其重要性不言而喻。中科院院士江明记得吴老的一句话:"化学家和实验的关系,就是鱼和水的关系"[2]。如果不做实验,化学分析所需要的数据就没法得到。化学不仅要有科学理论,也要做好技术应用,不能忽视动手能力,任何奇妙的想法,都是要经过实验进行检验和验证的。因此,吴浩青强调:"无论测量、分析都要亲自动手做实验。"[3]

图6-4　1987年10月在电化学实验室

吴浩青的博士生、复旦大学化学系教授余爱水在访谈时说,80年代初,吴浩青认定锂电池是非常重要的电池发展方向,于是全身心投入到锂电池的研究中,那时的吴浩青已经七十多岁了。到90年代,他已经年过八旬,可还是不分昼夜,依然保持坚持亲自做实验的风格,有时为了重复检验实验数据,就住在实验室里。有次余爱水和邓景发教授一起去实验室

---

[1]　《人民日报(华东版)》,1996年1月10日。
[2]　科研报祖国,毕生一教鞭。《光明日报》,2010年7月20日。
[3]　燕爽主编:《复旦改变人生》。上海:复旦大学出版社,2005年,第27页。

看望恩师，看见他老人家自己坚持在那里测实验数据，心中感慨不已。两位学生劝吴老回去休息，但吴老倔强地坚持要在实验室测数据。当时邓景发老师说"您年龄大了，我帮你派个学生，让他们帮您测数据"。吴先生说："我数据一定要自己测，可以做到心里有数。"那项测量工作是需要几个小时测一遍连续下去的，所以晚上闹钟开着，吴浩青就睡在沙发上，睡在测试仪的边上[①]。

在复旦第九宿舍吴浩青的家里，摆放着一些陈列有序的仪器设备。1996年《人民日报》的记者在采访吴浩青的时候曾问到这些仪器的用处，吴浩青淡淡地笑了："实验用的仪器，搬到家里来方便。"其实，这些仪器是用于检测一种新型电池的充电和放电情况的，每隔一个小时，甚至是半个小时就要测量一次，夜间也不能间断，这是一种十分辛苦的工作，实验室里往往由学生轮流来做，然而，为了获取第一手的数据，吴浩青坚持亲自动手测量。这时候的吴浩青已经是82岁高龄了。

吴浩青在谈到做实验时曾举例说，他上大学时候的生物老师贝时璋老师，101岁的时候还在实验室做实验[②]。在他看来，搞化学的不做实验是不可能有成果的，不做实验也就等于化学生命的终结。因此，吴浩青在他耄耋之年，还经常整天呆在实验室里。吴浩青也曾批评当下相对浮躁的学风和部分老师自己不动手做实验的现象，说："我现在看到有些老师不大亲自动手，因为他们要搞项目、跑经费等等，非常忙，所以实验就让学生去做，做了以后给他汇报情况就是了，这样可不行。如果老师不亲自动手，那第一手材料你拿不到，第一手资料都不知道还怎么去指导学生呢？所以我一直比较注重这方面，一直亲自动手做实验，即使90岁了，我也常常是一整天呆在实验室，与学生在一起是我最大的乐趣，这也许就是所说的教学相长吧。"[③]

吴浩青不仅坚持亲自做实验，而且对于实验数据质量的要求近乎严苛。曾经给吴浩青当过院士秘书的胡建国老师在采访中说："我觉得吴先生

[①] 余爱水教授访谈。
[②] 燕爽主编：《复旦改变人生》，上海：复旦大学出版社，2005年，第28页。
[③] 燕爽主编：《复旦改变人生》，上海：复旦大学出版社，2005年，第27页。

最大的特点就是，做任何事情都非常认真，他做哪些工作，都要有依据。他做实验数据，并不是只做一次，而是要重复三次，在实验可信度范围内他才定下结论，他对他的学生也是这个要求。"老科学家的这种严谨作风影响了他的许多学生，他的学生、中科院院士邓景发也秉承了恩师的严谨学风，不但自己做实验，取得实验数据后，再给其他学生研究一遍，确定以后，才认为数据的是可行的[①]。

这种科学严谨、实事求是的精神，也表现在吴浩青在日常工作和科研中一是一、二是二，不贪功、不诿过的正派作风。90年代以后，年近八旬的吴浩青此时写字已经较为吃力，字迹远不如年轻时候那么流畅优美，但从保存下来的当年吴浩青的项目总结表中看到，即便到晚年，他是坚持自己撰写项目总结报告，而且是端端正正地填写。一份填写于1992年的项目总结报告让我们再次感受到吴浩青先生的严谨与正直。在这份国家自然科学基金资助项目"导电高分子及其在高能电源中的应用"的总结报告中，吴浩青在开篇就强调"本项目完成论文四篇，其中不包括'嵌入反应动力学'一文，虽然该文发表的日期是在资助期内，但工作是在资助之前。"[②]明确地界定了该项目的研究成果，不浮夸，不揽功，这种实事求是的精神，实在是后辈学者的榜样。反观当下部分学者的浮躁气息，将同一篇论文或著作充当多个项目的研究成果进行重复申报，只是为了科研经费，着实令人唏嘘不已。

严师出高徒

吴浩青的课讲得好，这是化学系公认的，学生们听他的课，思路很清晰，容易吃透其中的道理，但同时，吴浩青对学生的要求也是极严格的，是一位不折不扣的严师。化学系曾流传着这样的故事，据说在一次化学考

---

① 胡建国访谈。
② 吴浩青（KYHX04-72 649）：导电高分子及其高能电源中的应用。复旦大学档案馆。

第六章 执教育人七十载　　*121*

试中，吴浩青给一名学生评出 59.8 分的成绩，并一定要求这个学生参加补考。对此，吴浩青自有一番道理，他说："几十年来我对学生一直严格要求，因为只有这样才是真正关爱学生，才能让他们成材。"

吴先生的弟子、复旦大学化学系教授余爱水至今记得，自己 1990 年到吴先生门下读博士，有一门电极过程动力学课，一个平时成绩不错的同学期末考试考得并不好，拿了一个 C。后来这位同学申请出国，恳请先生修正一下分数，先生斩钉截铁地说肯定不行，但也给予机会，要求他重考一次再考虑评判分数。现在，这位学生仍然在美国从事尖端的化学研究。复旦大学化学系退休教授江志裕也是吴老的学生，他证实，2006 年吴浩青对自己的研究生仍实行着"考 C 就要重修"的铁律。C 并非不及格，但在要求严格的吴浩青眼中，考 C 就是不过关，必须重读。

吴浩青早年的学生董明光在接受我们采访的时候，提到一件令他印象极深刻的事情，他说："吴先生这个人呢，就是比较厉害，我们如果写错一个字，对不起了，我们也已研究生了，抄 10 遍，当我们小学生一样的。不过这个也很好，给我们影响很深。以后我写字就很注意，特别给他的东西，非常注意。因为一个被动式的被字，这上面有一竖，我写得很短，很短以后，他给我圈出来——你给我写 10 遍。所以现在我写被字这一笔，写得很长，已养成习惯了。对我们很严厉，但是也有好处。所以，我给他写的东西，都要看了几遍以后，才能交给他，否则的话又要给他骂了，很严格。"

晚年，吴浩青因年时渐高，不能每天来实验室，但是对学生的要求却毫不放松：通过定期的学术讨论会，要求学生汇报自己的研究工作；规定学生们将工作计入每天的工作日志，以便相互检查。今天，在实验室的墙板上，仍高悬着吴先生亲笔题写的六点治学方略：开阔的知识面、扎实的理论基础、熟练的实验技巧、严谨的科研态度、独立的思考能力和足够的体育锻炼。严是爱松是害，吴浩青的这种对学生严格要求，认真甚至是较真的态度，着实让他的学生受益匪浅，也塑造了吴浩青师门严谨的学风。

谆谆教诲

吴浩青将自己的一生奉献给了教育事业，他的言传身教深深影响着下一代。曾经担任吴浩青秘书的王卫江说，吴先生有两句话对他的影响最大，一个是"不要去求人家"，他认为做任何事情要自己做好，不能依赖别人，要靠自己的努力。吴浩青九十多岁高龄还时常到实验室，自己动手做实验，这一言一行都深深影响着他身边的人。第二句话是"人生要做些事"。王卫江说："吴先生一直想做些事。他已经做过零电荷电势，做过这一桩事，这确是很不容易的。其次呢，他很想在电池上做些事。这对我影响很大的。"吴浩青先是对锑，然后是锂，投入了大量的时间和精力，希望能够为发展高能化学电源贡献出自己的一份力量，即便是到了耄耋之年，依然在为锂电池的研究和发展奔走，老骥伏枥，壮心不已。

李国欣是吴浩青80年代的研究生，李国欣记得恩师常常激励他们的话："你们研究生是攀登世界高峰珠玛朗玛峰的登山队员，你们登山队的队员，马克思有句话，他一直说，只有在那崎岖的小路上，不断攀登的人，才有可能达到光辉的顶点，你们不努力不行的。你研究生是登山队队员，所以人家不做的你要做，人家不能解决的你要去解决。你一定要在崎岖的道路上不断地攀登，只有这样才行。"李国欣说这个思想一直在鼓励着他，激励着他在工作中克服困难、解决问题。李国欣举了几个自己碰到的例子，他说："我们在做半导体行业太阳电池时，做这个起码要几个兆欧以上，甚至要十个兆欧以上。可是我最多做出来200K，结果做了一个礼拜就是做不出来，照理来说应该做出来了，就是做不出来。后来是怎么做出来的呢，无意中，发现是进水和出水的方向反了。"吴浩青对学生们迎难而上的教诲，在日后的科研工作中，起到很大的作用。李国欣认为，他自己之所以能够不断地有新技术，不断地有新产品，都得益于吴先生说的："第一你不要怕，要善于总结失败的经验，在失败的经验中成功。你不可能很舒服的，这是不可能的。而且要记住：最黑暗的时候，马上胜利要到来，你感到实在没有办法的时候，马上胜利要到来了"。李国欣说他对此体会很深，当初做锌电池的时候，被一个问题缠住，就是充电100%，放电只有30%。结果反复搞了半年，都没有结果，但始终没有放弃。后来偶然从在农村吃玉米饼子时烧糊结块的现象中得到启发，可能是温度没有控制好，导致电导体失去活性，结果后来证实真是这个原因。这就让李国欣感到踏破铁鞋无觅处，得来全不费工夫。他认为关键是千万不要丧失信心，总要找原因、找问题。而这都要得益于吴浩青先生的教诲。

后来李国欣被评为上海市科技精英的时候，在《解放日报》上登了一篇文章，吴浩青看了以后，很激动，打电话给李，说：我有这样一个学生，他也感到很光荣。

吴浩青在教学过程中，还十分注重培养学生阅读文献的能力。他认为阅读文献是进行科研工作的基础。在1957年的物理化学组会议中，教研组的老师们就如何安排学生做实验的问题进行讨论，吴征铠主任认为当时苏联的大学每年做一次课程论文，次数要比复旦的多，因而主张加强对学生的训练，做到会查文献、会读、会整理写论文，同时增加学生的实验操作，比如真空管的装置、安装万能电表等操作，可以适当加强，对于日后学生的课程论文有帮助。吴浩青则提出，主要应该加强学生的阅读能力训练，因为他在教学过程中发现，学生在阅读文献之后，常常未能及时巩固，以至于在试验操作的时候仍然不能应用[1]。吴浩青对当时学生阅读文献的程度并不太满意，因而建议大多数学生仍应以文献阅读为主，对个别学生，导师认为有必要做实验，再提出来讨论。吴浩青甚至希望系里能够列出学生阅读文献的清单，以便于学生掌握。

在强调阅读文献的同时，吴浩青也相当注重培养学生的外语能力。他曾在教学会议上提出，"如何提高学生外文至一定程度是极为重要的。"[2] 1960年1月4日吴浩青主持研究生培养工作会议上，希望院系能加强对研究生外语水平的考察和鉴定。那时候，吴浩青不仅希望能提高学生

---

[1] 吴浩青：(化学系35)物理化学教研组1957年会议记录.复旦大学档案馆。
[2] 同[1]。

的外语能力,而且也希望加强教师队伍的外语能力训练,以便于收集世界上最新的科研成果信息。1960年1月5日,吴浩青在主持化学系规划小组议会时指出,应加强每个教研组的外语能力,尤其是俄语能力。有基础的教研组如物理化学组、分析化学组等应制定明确的培养方案,如增加与俄文老师交谈等;没有基础的教研组应考虑抽调人才培养,并制定1-2人学习德语、法语等,以便于科研资料的收集[①]。

在日常生活中,吴浩青还善于从小事抓起,不失时机地教学生。有一次他在实验室,看到学生坐在一把已经前后摇晃的椅子上做实验,忙过来检查,发现椅子脚的榫卯已经松动,便随即取来榔头和铁钉,亲手修好了椅子,并教育道:"这看起来是一桩小事,但若不及时修好,明天可能就会酿成大的事故。"[②]

作为一名卓有成就的科学家和教育工作者,吴浩青还十分关心祖国青少年的成长。1978年,吴浩青第一次到英国访问时,见到英国中学考试题目非常灵活、启发性强,显示了英国人较高的教学水平,按捺不住,便带回来几套试卷,提供给复旦附中的姜校长,以便借鉴参考。吴浩青认为,创新能力是要从教学中培养的,这是根本[③]。吴浩青曾殷切寄语中学生,"课前预习、上课专心听、课后复习巩固"是学好各门功课的普遍方法,物理学和化学也不例外。在具体的学习细节上,因人而异,每个人都应该有自己的一套学习方法,如做卡片、摘要等……很难有固定的模式,不过,不管什么模式,勤奋学习、刻苦钻研、不怕挫折的精神都是必须具备的。万丈高楼平地而起,现代科学发展的趋势是学科之间相互交叉渗透,这就要求中学生们首先掌握好各个学科的基础知识,这样才能为将来的发展打下牢固的基础。此外,吴浩青以长者的身份谆谆教诲,各科要均衡发展,不可偏科,语文、英语这样的工具学科也需要很好地掌握。1999年,86岁高龄的吴浩青还为小朋友编写了"大科学家小讲台"系列之《油的一

---

① 化学系规划小组会议,1960年1月5日。1960年系务工作会议。复旦大学档案馆。
② 齐全胜,主编:《复旦逸事》。沈阳:辽海出版社,1998年,第164-165页。
③ 胡守钧:《社会共生论》。上海:复旦大学出版社,2006年,第232页。

家》、《水的秘密》等①，为少儿科普教育作出贡献。

2008年4月22日，吴老95岁寿辰之时，他捐献积蓄，在复旦大学化学系设立了"吴浩青奖学金"，勉励化学系的青年学子发奋学习、勤于钻研、勇于创新、报效祖国。

吴浩青先生生前常常引用毛泽东的一句话来表达自己对青年成长的关心：世界是你们的，也是我们的，但是归根结底是你们的。吴浩青为青年学者的成长、为祖国的教育事业奉献了一生。

---

① 吴浩青：《油的一家》。北京：少年儿童出版社，1999年。

第七章
晚年生活

不服老的老先生

  这是位不服老的先生。80年代初,当吴浩青开启他学术生涯第三个阶段——锂电池的研究时,1914年出生的他,已快进入古稀之年了。到了这个年纪,大多数人都已经开始安享晚年,吴浩青却依然保持着一颗年轻的心,他常常笑着对身边的人说,"我不服老,我还很年轻!"一直到2009年住进华东医院时,他依然对锂电池的研究念念不忘。吴浩青年轻的心态和对学术的执着,使得他在古稀之年后,依然保持了将近三十年旺盛的研究生命,奠定了其在锂电池研究领域的崇高威望,让后辈晚生肃然起敬。

  吴浩青先生大学讲台和化学实验室耕耘七十余年,在复旦的时间也超过了半个世纪。这期间他始终将教学和实验作为自己的志趣。用他自己的话说,"我没有彷徨、没有矛盾,把讲台和实验室当作乐趣之所在。虽然年届九十,但依然在别人惊讶的目光中进实验室、开组会,我舍不得离开讲台、舍不得离开实验室。"只要身体条件允许,吴浩青大部分时间都在实

图 7-1 2006 年 4 月 8 日吴浩青摄于复旦九舍

验室里度过。

迎着清晨的阳光，耄耋之年的吴浩青都会穿戴整齐，从复旦第九宿舍，独自步行到化学西楼的实验室，开始他一天的工作。学校考虑到老先生年事已高，希望安排专人接送，但是被吴先生婉拒，他更喜欢自己一个人走到实验室，除了借此锻炼身体外，更重要的是，老先生不愿服老。

吴浩青喜欢待在实验室里，喜欢和学生们在一起。用复旦学生中流行的一句话说，他"不在实验室，就在去实验室的路上"。在七十年化学研究生涯中，他认为化学研究最重要的就是实验，离开实验，化学研究就无从谈起，如同鱼儿离开了水，因此，他不仅注重培养学生的动手实验能力，自己也形成亲自动手实验的研究习惯。一天不动手做实验，老先生便觉得不自在。只要还能做得动，他就一定亲自动手做。他的博士生余爱水回忆当年吴浩青先生在实验室进行心脏起搏器电池实验时说，尽管当时吴浩青已经九十多岁，但心脏起搏器电池实验依然坚持自己动手，不要学生代劳。有时为了测定起搏器实验数据，甚至还在实验室过夜，完全不在意他九十多岁的高龄。吴浩青这种不服老的劲头，可能和他"要做点事情"的心结有密切关系。他晚年的学术秘书王卫江曾说，老先生一直想为国家、为社会"做点事情"，这点事情就是锂电池的研究，他一直希望在锂电池研究上不断突破，并实现锂电池的产业化，这个信念不断激发着老先生的斗志。2006 年，93 岁的吴浩青还四处奔波，煞费周折，成立了复旦—金马—大恒特种电源研究中心，为推进锂电池的产业化不断努力。

由于年事已高，身体机能的退化和衰老不可避免。吴浩青以一颗年轻的心，通过不断的自我锻炼，来改善身体机能，延缓衰老。乐观的心态加上良好的锻炼，可能是吴先生高寿的重要原因。2005 年，香港《文汇报》

的记者来采访吴浩青。当时吴浩青脑部有梗塞，他笑称自己有患"老年痴呆症"的可能，所以现在每天都坚持锻炼，30分钟内走完1000米是他必做的运动。为了防止自己大脑功能的衰退，吴浩青还坚持每天背诗、诵英语。为证明所言不虚，他还当场为香港《文汇报》记者背诵了他最喜爱的《三国演义》开篇引用的明代杨慎古诗："滚滚长江东逝水，浪花淘尽英雄。是非成败转头空。青山依旧在，几度夕阳红。白发渔樵江渚上，惯看秋月春风。一壶浊酒喜相逢。古今多少事，都付笑谈中。"此外，吴浩青每天必背《新概念英语》第四册的文章，借此来练练舌头、动动脑筋。在一阵爽朗而有穿透力的笑声中，九十余岁的他对记者说"我还很年轻！"

子女眼中的老父亲

君子欲讷于言而敏于行。

在吴浩青的子女们看来，他们的父亲正是这样一个注重实际行动而不拘言表的人，不论是学术研究，还是对子女的教育，皆是如此。尽管在吴浩青平日里话不多，但他的一言一行，都深深影响着他的孩子们。

吴浩青要求他的孩子们，要"多做事、少说话、少出风头"，而这也正是他自己做人处事的风格。吴浩青一生淡泊名利，也不希望他的子女和学生执迷于追名逐利，而希望他们踏踏实实地做点实事。就连当年当选为学部委员（院士），吴浩青也是事后才知道，并非自己刻意的追求。

在吴杰等子女们的记忆中，他们小时候拿到一个好成绩回家向父母邀功时，父亲总会认真地提醒他们，成绩不要到处说，要认真做事。

在处理公私财产方面，吴浩青一向极为正直，公私分明，绝不占公家的一针一线，也不允许子女占公家的便宜。小女儿吴平讲述了一件她70年代的事情。那时候吴平正在西安拖拉机厂工作，一次为厂里购置实验器材，由于时间紧张，购置回来的器材没有及时送到拖拉机厂，暂时放自己的家里。可不巧的是，当晚吴平去了同学家，但家里却遭了贼，新购置的

图 7-2　2004 年 4 月，家人为吴浩青庆贺 90 寿诞

器材也被偷走。事后吴平向厂长交代了实情，厂长说，你就如实写一下，派出所会去现场考察看完后会出具证明，厂里就可以销账了。两年后，吴浩青不知如何得知这件事情，当吴平回上海老家时，便拿出 300 元，让吴平还给西安拖拉机厂。这件事情给吴平和西安拖拉机厂厂长都留下很深的印象。吴浩青说："公家事情一定要还，至于怎么偷掉的，那是你不对。你应该把东西放回公家验收，你为什么放在家里，你应该送回去。"并坚持要吴平重新处理此事。当时的 300 元还是很大的一笔数字，普通工人的月工资也仅有 30 多元。后来拖拉机厂厂长对吴平说，"你父亲太认真了，这件事情有公安局派出所证明，还有拍的（小偷的）脚印，从哪个窗户爬进来都能看到。"

80 年代初，吴浩青作为代表团团长前往英国考察的时候，因为花的是公家的钱，他作为团长，对所支出的每一分钱都详细记录，严格把关，丝毫不浪费国家公款，也不允许其他成员用公款购置私人用品。甚至下雨天想用公款买把雨伞，他都说不可以。他说买伞用自己的钱啊，怎么拿公家的钱。这难免引起部分同行的人的不满。

吴浩青的这种严格公私分明的正直品性,还体现在他的子女入学问题上。

复旦大学实际上拥有从附属幼儿园、小学、初中到高中等一套完整的基础教育学校,其中附属中学(高中)是上海几所顶尖的高中之一。不少老师的子女,从幼儿园到高中,乃至大学都是在复旦就读,成为拥有最最纯正血统的复旦人。复旦附属学校对于本校老师的子女有适当的照顾政策。然而,吴浩青虽然在"文化大革命"前已经担任化学系的系主任,却从未动用私人关系,为子女进入复旦附属学校"走后门"。吴师母说吴浩青"为人方正,从不去打听升学的事情"。大儿子初中在同济中学,小儿子初中在复兴中学,后来都是自己硬碰硬考进复旦附中的,丝毫没有沾到父亲的光。读书的事情,都是靠子女自己的努力,吴浩青并不是不关心子女的成长,而是希望子女成长靠的是自己的勤勉努力和实力,而不是依赖"关系"。

吴浩青是个"不求人"的人。吴浩青认为,我们做任何事情,都应该靠自己的努力做好本分工作,为啥去求人家呢?这个很重要。他自己是这么做的,也是这样要求他的孩子们的。吴浩青要求他的孩子们做到自力更生、自食其力。在父亲的影响下,吴杰等几个兄弟姐妹都形成了吃苦耐劳、勤勉能干、谦虚谨慎的秉性,各种家务活驾轻就熟。吴师母回忆,在"文化大革命"期间,大儿子吴杰被安排到罗店的砖瓦厂插队,砖瓦厂的工作极为辛苦、环境很差,下班回来满身是灰,手脚也常常磨破。大女儿在柴油机厂,烧煤炉、洗蒸笼布等各种脏活累活都要做。由于平时在父母的教育下,从小便形成的独立精神和动手能力,因而插队下放时尽管极为辛苦,但他们仍咬牙坚持下来。工宣队的人讲:"吴浩青的子女,倒一点也没有资产阶级知识分子的娇气。"

晚年吴浩青也要求孙子辈独立自强。有次吴浩青四五岁的外孙来上海陪他,爷孙俩打水枪玩。两个人对打,打得很激烈,小外孙打不过,便哭闹着到吴师母那告状,说"外公不让我",吴师母有意见,便对吴浩青说:"你怎么搞得,一点不让让小孩子。"吴浩青笑着对小外孙说:"我怎么能让你呢,这个本就有胜负之分的嘛。你要靠自己的实力来打败我,靠我让你的话，即便让你赢得胜利，那也没有什么值得高兴的了。"

吴浩青不仅希望孩子们独立自强，还希望他们拥有一颗真诚而淳朴的善心。小女儿吴平回忆父亲的时候说："父亲在我的印象中，教我们怎样做人，做一个真善美的人。真，为人真诚、做事认真；善，为人良善，不分高低贵贱，就连家里的保姆，也要有善心；美，道德美好、品行要正，叫我们要做个对社会有意义的人。"吴平记得有一年吴浩青已经九十多岁了，听说带大自己外孙的保姆也一起来上海，觉得这位保姆非常不容易，便亲自去菜场买菜，买了菜回来后，还亲自下厨，一定要好好感谢那位保姆。九十多岁的老人去菜场买菜本身就很不容易，还坚持亲自下厨，当时那位保姆也很感动。这事情给小外孙也留下很深刻的印象，觉得外公心地十分善良。平日里，小区的邻里也都知道，吴浩青这位老院士完全没有什么架子。

吴师母由于腿脚不太好，行动不便，所以家务上的很多事情，都是吴浩青来承担的。家里大大小小的事情他都会关心到，包括孩子们的衣食、营养方面、工作等等。对孙子辈的小孩们也倾注了深厚的感情。孙子孙女们上学晚上回来晚了，他都很忧虑，甚至要出去找他们，比父母还着急。每到农历新年，吴浩青都会给小辈子孙买衣服、买鞋，希望大家穿戴漂亮过新年。为孩子们购置很多新衣新帽，自己的却不太在意。

老科学家的园艺情节

熟悉吴浩青的人都知道，这位老院士除了实验室和讲台外，最大的喜好，就是园艺。闲暇时间摆弄花花草草，为吴浩青的晚年生活平添了几多色彩。在玖园的邻里看来，吴浩青不仅是德高望重的科学家，也是玖园辛勤的"园丁"。

吴浩青一直住在复旦大学的教师第九宿舍，也称为玖园。玖园里的红房子是 1950 年代后期建造的公房，楼层不高，楼面也很窄，吴浩青和爱人倪锦云住在三楼，阳台可供吴浩青摆弄花花草草的空间很有限，加上阳台不接地气，并不适合养花草。吴浩青大儿子买的一盆桂花，在阳台上放了七、八年也不开花，苏州带来的玫瑰花放在阳台上也不见开花。对园艺情有独钟的吴浩青，便开始照顾小区绿化带和公共区域的花草树木，在小区里种上了腊梅、香樟、马尾松、月季、玫瑰、杜鹃等。

十月深秋，园内主干道两旁高大的香樟树上结满了种子，风吹过后，纷纷飘落，道上无数褐色小种子，散落道旁的种子遇泥地，生根发芽，来年长成一棵棵小苗。2003年"非典"后，吴浩青从香樟树下挖出50cm高左右的树苗移植到大草坪边缘空地处，没有成活。细细推敲后，再种30cm高左右的小苗，每天早晚从自家三楼提着水壶喷洒、观测、细心照料，小苗慢慢地活了。先生高兴地又在空地处补种六颗小苗，欲形成一个环草坪的樟树林，增加大气含氧量。为防止人为损害，他天天端着椅子坐在草坪边，边培育边守护。他说对树苗也要像培养学生一样认真仔细，才能使其茁壮成长。小樟树全长活了！2006年底，有人来修树，却把已成香樟树廊的大树锯断大量枝干，地上堆满了比碗口还粗的树干。吴浩青见状心痛不已，跌坐在椅子上，急呼他的学生：快，快去，树要完了。稍事休息，他重又站起来走到现场亲自阻止这样的修剪。在先生的召唤下，九舍很多居民跟先生一道多方联系、交涉，最终取得园林局的权威鉴定，发出整改通知，才停止了这场"修树"浩劫。这一年吴浩青已经93岁。现在先生种的梅树已在万木萧萧的冬日暗香浮动、沁人心脾；小樟树已能和先生力保下来的五颗大树一起在春风里婆娑起舞[①]。

吴浩青对园艺的喜好还爬过墙头，延伸到了邻居的院子里。有户底层邻居阖家长居国外，庭院荒废，杂草丛生。吴浩青见状可闲不住，便动手清除杂草，还买来杜鹃花、月季花等种上。春暖花开时，邻居回来看了很高兴，说吴教授帮他大院除草种花，帮他美化环境，很过意不去要付钱给他。吴浩青不乐意了说："我租用你的地满足我的兴趣，应该是我给你钱，这不行。"大院门卫间对面花坛里，原来也是空无一物的。吴

[①] 黄希礼：吴院士与绿树林。复旦大学老教授/退（离）休教师协会简报，第38期。

浩青忍不住，寻来珍品月季栽上，春季里开出的灿烂花朵有碗口大，令人赏心悦目。

吴浩青的花草不仅装点了玖园宿舍，也芬芳了他的实验室。由于吴浩青常常整天待在实验室，甚至有时候夜间也要做实验，因而他利用工作间隙，把实验室的周围也种上了许多花花草草。吴师母回忆，有一次有人送给吴浩青一盆名贵的玫瑰，可以开出好几种颜色的花，吴浩青非常喜欢，便带到实验室里来，并在实验室的花盆里进行插枝繁殖。经过一段时间的悉心栽培，一株玫瑰便繁衍开来，吴浩青分别种在几个花盆中，从自己的实验室摆到化学系楼楼下。后来开花的时候，甚至拿来装饰会议室。看着自己用心栽培的玫瑰娇艳盛开，吴浩青心里一阵美滋滋。由于玫瑰开得鲜艳，吴师母说，后来放在楼下的几盆不知道夜间被谁偷走了。吴浩青回来说："啊呀，给人家偷走了"，气得不得了。

吴浩青种花草，像他做化学实验一样，带着他那一贯的严谨态度和钻研精神。吴浩青刚开始在小区内试种五针松的时候，由于缺乏经验，他就一次次地试种，每次都像在做实验般，仔细观察五针松的生长状况，并拿着个小本子将每天的气温、浇水量、土壤、生长状况等记录下来。在一次次的种植过程中，积累经验和教训。吴师母回忆称，有次一棵五针松长得蛮好的，突然一下子死了，吴浩青十分懊恼地说："是我不好，浇了肥料了。"他不懂，这种松苗不要肥料的。后来吴浩青又买了一棵日本马尾松。一开始种的很好，但后来吴浩青住院的时候，天气不好，一直下雨，水太多了，日本马尾松被淹死。长子吴杰希望老父亲回家时能看到，就悄悄地又买了一棵种上。吴师母说，吴浩青养花草，是"一面欣赏，一面钻研"。

有一次吴浩青得知老校长陈望道家里种有素心腊梅，小区有个老师剪来插在花瓶里既美观又淡雅清香。吴浩青便心动了，到陈望道那剪来枝条插枝种在玖园的院子里。后来这株素心梅长得很旺盛，每年早春，素心梅的淡雅芳香，在整个玖园的小院飘散开来。吴浩青过世后，吴师母也十分喜欢这株素心梅，还让儿子把梅花种到复旦校园里去。

淡泊宁静的晚年生活

吴浩青的一生，与名利无争。他一向淡泊名利，只求在电化学领域研究和人才培养上能为国家"做点事情"，却不喜欢出风头、搏名声。晚年的吴浩青依旧淡泊，和自己的家人过着宁静祥和的晚年生活。

尽管尊为科学院院士，德高望重，但吴浩青一家却一直在复旦的教工宿舍里，过着简朴的生活。吴浩青在第九宿舍一住就是半个多世纪，一直到他辞世，也没有向学校要求换过新房子。屋内的家具和第九宿舍的房子一样，也是上了年纪了的。吴浩青和吴师母二人生活简单，并不太看重物质生活条件。做惯了化学实验的吴浩青，有着极强的动手能力，家居生活中的大大小小事情，他也喜欢自己动手打理。家具坏了常常自己找来工具修，他也乐于捣鼓这些大小家什。

艰苦朴素的生活作风，也算是渗透到吴浩青的骨子里去了，他常说："人啊不能忘记过去，过去我们生活都很艰苦，现在生活条件都好了，当然是好事，但是该要节约的地方还是要节约。"家里破损的衣服、家具之类的东西，他都补了又补，不轻易更换。尽管许多家什陈旧，但是在吴浩青的打理下，显得干净有序、简洁大方。吴浩青在家时喜欢穿旧衣服，因为他觉得旧的东西穿的比较习惯，而且软软的比较舒服。不过，当他出去接待外宾或者出席正式活动时，总是会穿着一身笔挺的西装，并系着饱满的领带，把自己打理得整整齐齐、干干净净。吴师母有时候说："你不怕人家叫你破老头子啊？"吴浩青则认真地回答道："我出去不是破老头子，出去我很注意。我生怕别人年轻人嫌我们这种老头子讨厌，老了本身就不讨人欢喜，再穿得烂了，人家嫌太脏。"吴浩青身材高大挺拔，即便到了耄耋之年，穿上西装，依然显得气度不凡。

晚年的吴浩青，除了去实验室进行电化学实验外，在生活上也喜欢自己动手做各式各样的"实验"。吴浩青喜欢吃酒酿，而且认为酒酿有维生素B，吃了对老年人身体有帮助。刚开始到外面菜市场去买，买多了就请卖酒酿的老板每个星期送一钵的酒酿来。然而送来的酒酿常常掺很多水，味道很淡，渐渐地吴浩青对此感到不满意。于是吴浩青干脆就自己动手做。一辈子做化学实验形成的严谨风格，这时候也带到了做酒酿上面来。他从苏州买来酒药，准备好坛子和糯米，便着手开始试制。每次试制用多少水、多少酒药、温度多少，酿出来的酒酿酸甜如何等等，都仔细记录下来，那架势，就和在实验室做科学实验一般。经过好多次的比较和琢磨，他发现有时候酒酿发酸，是因为有杂菌进去了，因而容器一定要消毒，温度也要控制好，米蒸起来要拿冷水淋一淋，中间糯米就不会糊了，酵母菌就可以进去，发酵就比较完整。通过一次次的试制，吴浩青积累了许多经验，酿出的甜酒酿吴师母也很爱吃。除了甜酒酿外，吴浩青还喜欢自己酿造酱油。因为市面上的酱油多添加色素，对身体不好，于是吴浩青便起了自己酿造酱油的想法。吴浩青十分享受不断探索、不断实验、不断改进，最后酿出香浓纯正的黄豆酱油的过程。吴浩青将自己酿造的酱油分给玖园的邻里，大家都很喜欢。

  吴浩青的长寿与其一向重视养生和锻炼不无关系。晚年的吴浩青患上脑血栓，脑部血管有堵塞现象，所以他常常会担心自己患上老年痴呆症。所以他坚持背诵古诗文和英语，以加强锻炼自己的大脑和记忆力。长期以来，他养成了每天自己测量记录血压、体温的习惯，直到2009年春节后中风才停止，他的记录甚至比护士还清楚，华东医院的医生在巡房时都常常参考他的记录。刚血栓初期刚住院的时候，还常常站在窗户旁边做金鸡独立，或者打打拳，坚持锻炼身体。

  住院后，吴浩青更加看重亲情，喜欢子女陪伴在身边，大儿子吴杰常常到医院为老父亲擦身，二儿子吴全常常送莲子羹过去，女儿们也常常回来探望。子孙们围在床边，总是老人最舒心的时候。

  2010年7月18日8时58分，97岁的吴浩青安详地离去。复旦化学西楼前挂起的一串串千纸鹤在风中静默着，缅怀这位享誉海内外的杰出化学家，缅怀这位专注教书育人七十载的老先生，缅怀这位为复旦倾注大半生心血的老复旦人。

结 语

吴浩青院士不仅是一位杰出的化学家，也是一位令人敬仰的教书先生。吴浩青所贡献的，不仅仅是在锑、锂等电化学领域的一系列突破性科学成果，还有他七十余年亲手栽培的一大批国家与社会的栋梁之才；吴浩青值得我们钦佩的，不仅是科学研究上的严谨与执着，还有他人格品性上的刚正与自强。吴浩青将自己的一生都奉献给了科学研究，奉献给了三尺讲台，为科研、为学生、为复旦倾注了他的全部。其实，吴浩青的教学科研生涯，早在当年浙大毕业他选择留校当助教的那一刻起，就已经开始成型了。他在那时就已经立志要成为一名大学教授，一名既可以从事科研，又能够教书育人的职业，这是他的理想。从这个角度看，吴浩青的一生是完满的，因为他用接下来的七十余年的时光，实现了年少时的梦想——作为一个老师，他桃李满天下；作为一个科学家，他成就斐然。有梦想且能够为之坚守一辈子的人是幸福的，是值得我们这一代人艳羡的。

吴浩青的一生专注于科研与教学，在化学研究领域纵横驰骋，其研究的深邃与宽广，绝非以笔者浅陋学识可以充分把握，对于吴浩青科研的评论，难免有挂一漏万之嫌。采集项目小组全面搜集了吴浩青发表的论文与著作，根据这些论文和著作，结合特定时期的背景和经历，笔者认为吴浩青的科研生涯可以分为三个阶段。

第一阶段是有机化学研究。这个阶段持续时间是从浙大求学到1952年院系调整。吴浩青在浙江大学求学期间，对其事业发展最为重要的一件事情，是遇到恩师周厚复。周厚复是著名的有机化学研究专家，吴浩青在大学四年级的时候就已经跟随周厚复先生开展化学研究，深受周先生的影响。因而，吴浩青研究生涯也是从有机化学开始的。他的第一篇学术论文是在《国立浙江大学工程期刊》第1卷第1期发表的《硒（selenium）之有机化合物》。抗战爆发后，在内地颠簸周转当中，吴浩青仍然专注于有机合成的研究，并与周厚复先生保持密切的联系。不久，吴浩青第二篇关于有机合成的研究成果《芳香氨基醛及酮的合成》一文，在国际顶尖的有机化合物杂志《美国化学会志》（*J.Amer. Chem. Soci*）上发表。这两篇是目前能找到的仅有的在新中国成立前正式发表的论文。尽管后来吴浩青主要的研究重点转移到电化学研究上，但从1935—1952年这段时期他对有机化学的研究，仍构成其学术生涯的重要部分，不可忽视。从这点讲，如果把吴浩青概括为电化学家，那就显得不够全面了。

第二阶段专注于锑的电化学性能研究。这一阶段是从1952年至1977年。1952年院系调整对吴浩青的影响很大，不仅使他来到复旦，而且改变了研究方向。院系调整后重组的复旦大学化学系汇聚了当时东南一带许多知名化学研究者，不少学者研究方向重合，按照当时的要求，大家重新选择自己的研究方向。此时，吴浩青看到发展高性能化学电源的发展前景，便选择了电化学作为自己的研究方向。期间最重要的成就是在1962年完成的对锑的零电荷电势的测定。锑是我国丰产元素，吴浩青希望通过研究锑的电性能，研发出高能锑电池。在应用研究方面，则对干电池进行研究，并在"文化大革命"期间，在电池厂进行技术指导和生产实践。此外，还对水雷的海水引信、数字地震倾斜仪等军工项目进行研究。这些研究中，对锑的电化学性能研究是最具有代表性的成果，这项研究也成为吴浩青1980年当选中国科学院学部委员的最有份量的砝码。

第三阶段则是从1977年之后进行的锂电池的研究。80年代以后，吴浩青已经进入古稀之年，这个年纪大多数人都开始安度晚年了，但不服老的吴浩青老当益壮，勇往直前，开辟了自己研究生涯的新阶段。这一时期吴浩青先后提出了锂在氧化铜和共轭双键高聚物中的嵌入反应机理，取得国际学界的认同，为锂电池的研究和应用奠定了理论基础。当年吴浩青选择锂电池进行研究是极具前瞻性和战略性眼光的。除了对锂电池的基础理论研究外，吴浩青在耄耋之年还积极推动锂电池的产业化和应用化生产。

上述三个阶段，勾勒出了吴浩青从有机化学到对锑的电化学研究，再到对锂电池研究的历程，组成其科学研究生涯的主线。

在吴浩青早期学术成长生涯中，对吴浩青影响最大的人，首推吴母陆珍。正是仰仗着母亲的艰辛操持，吴浩青才有条件顺利完成学业，接受系统的学科训练。幼年的吴浩青不幸失去了父亲，但却幸运地拥有一位个性坚强、思想开明的母亲。从私塾启蒙教育到初小、高小、初中、高中，乃至大学，吴母都竭尽所能，排除障碍，为吴浩青提供读书受教育的机会。吴母要求出人头地的严厉鞭策，也成为吴浩青刻苦上进的动力。可以想象，假如没有这位坚强的母亲，吴浩青的人生可能就是另外一番风景了。

如果要问吴浩青为何选择化学作为自己的研究领域的话，那就需要沿着他大学、高中一直上溯到初中教育了，而这其中又夹杂着许多偶然性的因素。第一章已经讲到，吴浩青的初中教育实际上只念了一年的初二，高小毕业直接跳级考到初二，由于时局不稳，初二念完又直接报考苏州中学上了高一。而这一年的初二还颇多周折，先在宜兴中学读了40天，因农民起义学校被封，辗转到精一中学。然而，这看似动荡不安的初二教育，却极有可能在吴浩青心里埋下了化学的种子。从当时的课程安排上可以看到，初二学年，除了国文、数学、英文等公共课程外，课时量最多的正是化学课，物理课则是到初三才上。因此，尽管吴浩青的初中教育不完整，但他却接受了完整的化学启蒙教育，而这直接导致他在苏州中学的所有科目中，化学成绩最好。而这反过来又进一步刺激吴浩青对化学的喜爱。吴浩青对化学的感情就这样不断被放大，使得他在高中毕业时，选择了浙大的化学系，此后更是一辈子与化学结下不解之缘。我们追根溯源，吴浩青对化学的喜爱，很有可能和初二时首先接受的化学启蒙教育有关。

周厚复先生是吴浩青在早期成长道路上一位重要的引路人。吴浩青的勤勉刻苦与对化学的痴迷，得到了周厚复先生的认可，并得以在周先生的指点下进行研究。更重要的是周厚复先生为吴浩青提供了助教岗位，这使得吴浩青毕业后能够顺利地留在大学从事科研工作。周厚复先生的指导对吴浩青日后在《美国化学会志》上发表论文所起到的作用也是不可忽视的。

1952年的院系调整是吴浩青由有机化学转向了电化学研究的关键事件。前文已述，院系调整后的复旦化学系人才济济，行政上要求各位学者调整研究方向，这时吴浩青才放弃了原先的有机化学研究。但至于吴浩青何以选择电化学作为自己新的研究方向，则无从考证了。这次院系调整对于很多学者来说，都是一个重要的转折点。政治事件对科学研究的影响还体现在"文化大革命"的冲击上。"文化大革命"中吴浩青也被打成资产阶级知识分子，免除了系主任职务且被批斗和关进牛棚半年。尽管吴浩青后来到电池厂劳动，受到的直接冲击相对较小些，但"文化大革命"造成的混乱和信息的封闭，同样给吴浩青的科学研究造成很大的伤害。如果没有"文化大革命"，那么当六七十年代发达国家刚刚开始研究锂电池的时候，吴浩青就可以同步进行，锂电池的研究从一开始就可以走在前列。到90年代初，吴浩青年事已高，在锂电池的产业化问题上难免心有余而力不足，否则锂电池的产业化可能最先在吴浩青手上实现了。

在吴浩青学术成长道路上，尽管有各种各样的机缘巧合与外部因素的影响，但最根本的，还是离不开吴浩青自身的勤勉刻苦和持之以恒。勤勉刻苦的是他对学业和科研的投入，持之以恒的是他对化学研究和教书育人的那份热情。如果没有这份执着，很难想象在过了退休年龄还老当益壮，开辟出全新的研究领域，很难想象他九十多岁还坚持进实验室动手做实验，很难想像耄耋之年还在为锂电池的产业化四处奔波操劳……

吴浩青早年就立下了当一名大学教授的志向，此志一立，便矢志不渝，终其一生。不论是锑的电性能还是锂电池的嵌入机制，他的研究成果早已奠定了他在电化学领域的泰斗地位，作为一名科学家，他是成功的；七十余年来他从未离开过三尺讲台，培养了一大批人才，他的认真和正直也影响了几代学子，而今早已桃李满天下，作为一个老师，他是快乐的。

附录一　吴浩青年表

1914 年

4月22日，生于江苏省宜兴县蜀山镇小圩村，谱名浩春，幼名敖春（见《宜兴丁山小圩村吴氏宗谱》），后改名浩青，曾用名延爵。父吴汝祥，当地私塾教师。母陆珍，操持家务。伯父吴汝明无子，由其顶嗣。

1917 年

父亲病逝，遗下耕地27亩，靠母亲抚养长大。

1921 年

入宜兴蜀山镇小圩村私塾读书。

1922 年

入宜兴城北小学初小读书。

是年，母亲得吸血虫病，因治病而典田举债。

1924 年

转学入宜兴县蜀山镇东坡小学读书。

1927 年

考入宜兴县立中学初二插班读书。是年 9 月 1 日开学，10 月 10 日因农民起义，县长出逃。在该中学仅读书 40 日。

11 月，转学入宜兴私立精一初级中学读书。

1928 年

7 月，得精一中学初三修业证书。

9 月，跳级考取苏州中学高中一年级。

1931 年

7 月，苏州中学毕业.

9 月，考入杭州浙江大学化学系，师从周厚复、李寿恒。曾担任浙江大学学生化学会主席，同班同学中有后来当选为中国科学院院士的钱志道等。

1932 年

"一·二八事变"爆发后，参加学生运动，前往火车站清查日货；到杭州西大街省教育厅厅长张道藩家抗议。

1934 年

因家庭经济困难，申请半工半读。任浙江大学化学系兼职助教，指导学生普通化学实验，并完成毕业论文。

1935 年

7 月，浙江大学化学系毕业，获理学学士学位，选择了留校任化学系助教。同时留校工作的有张润庠、钱志道、温瑞等。

是年暑假，由系主任周厚复介绍，到湖北省高中集中军事训练总队（武昌）讲授军用化学课程，为期四十余天。

参加中国化学会。

参加国民党，成为候补党员。

在《国立浙江大学工程期刊》第 1 卷第 1 期发表论文《硒（selenium）之有机化合物》。

1936 年

1 月，与吕顺珍结婚。

10 月，脱离国民党。

任浙江大学化学系助教，指导物理化学实验，从事有机化学研究。

兼任杭州行素女中教员，每周担任化学课程 3 小时。

将家眷迁回宜兴老家，独自在杭州专心从事教学科研工作，并筹备出国留学事宜。

1937 年

任江苏省立太仓师范代课教员，讲授高三物理、高二化学课程和师资训练班的理化课程。期间结识生物教员谢冶英和学生朱岚（朱岚后为中国人民解放军海军副司令员陶勇夫人，是吴浩青夫人倪锦云的表姐）、倪锦云。

是年秋，由于"八一三事变"爆发，日军大举入侵，太仓师范停课，被迫返回宜兴老家避战乱，闲居宜兴约一年。期间曾为他人兴办肥皂作坊提供技术支持。

1938 年

是年夏，从浙大前校长邵裴子处获悉浙大业已迁至江西泰和县上田村，即乘船赴校，后随浙大搬迁至广西宜山。在宜山巧遇在浙大任教的沈同洽（沈原为吴浩青在苏州中学就读时的老师，后任南京大学外文系教授）。

1939 年

2 月 5 日，与沈同洽在宜山浙大躲日军飞机大轰炸于山洞中，炸弹离洞一丈余着地，险遭不测。

9 月，为学校到上海购置仪器药品及体育设备，并与倪锦云相聚。

是年夏，前往昆明西南联大参加中英庚子赔款留学考试，未取，同考者有钱伟长。

协助浙江大学筹建龙泉分校，任龙泉分校化学系助教，指导普通化学实验。

幕后参与分校学生反对分校主任陈叔谅（名训慈，图书馆学家）的风潮。分校的同事有毛路真等。

1940 年

任浙江大学龙泉分校化学系讲师。时孟宪承亦在该校任教。

1941 年

8月，经沈同洽推荐，应聘任国立师范学院讲师（校址在湖南安化县蓝田镇，院长廖世承）。教授物理化学、有机化学、无机化学课程。期间的同事有沈同洽、储安平、章元石、刘佛年、陆静荪、胡昭圣（后在华东师范大学任教）等。

是年，与吕顺珍订立分居协议，家产划归吕氏所有。与倪锦云结婚。

1942 年

8月，升任湖南国立师范学院副教授，教授物理化学、普通化学、有机化学、普通化学实验、理论化学等课程。

1944 年

6月19日，日军攻陷长沙，湘乡、邵阳相继失守。

9月，国立师范学院被迫从蓝田迁往溆浦。吴浩青与妻儿翻山越岭百余里，途经新化，抵达溆浦。

助教张明生私下与之谈及延安方面需要科技人才，问愿不愿意去。因妻病女弱成行未果。

在《美国化学会志》上发表论文《芳香氨基醛及酮的合成》一文，在学术上初露头角。

1946 年

7月从溆浦到上海。

8月经程寰西（浙大读书时的老师）介绍，应聘任上海私立沪江大学讲师，担任物理化学和化工原理讨论课程，指导物理化学和有机分析实验。

1947 年

3月，参加人权保障会，并在《大公报》上发表联名宣言，抗议国民党在北京逮捕无辜居民。

11月，参加抗议国民党残酷迫害浙大学生会主席的"于子三事件"游行示威活动。

常常借阅储安平主编的《观察周刊》。

论文《芳香氨基醛及氨基酮之合成》获教育部三等奖金。

是年，将数年来夫妻二人积蓄换成900美元，寄存美国吴尊爵（堂兄）处，准备稍后去美国留学。

1948 年

是年底，吴尊爵回国，言其所汇外汇已购买了汽车。因此，留美存款无着。

向中英文化协会申请资助留学英国，未成功。

由沪江大学高乐民介绍参加查经班。

1949 年

2月，接待来沪的沈同洽一家，邀留居住在家一周。

5月15日，在上海沪江大学加入教会并受"洗"，希望依靠教会赴美留学。

6月，由朱壬葆（1980年当选为中国科学院学部委员）介绍，加入中国科学工作者协会，后为中华全国科学技术普及协会会员。

8月，任沪江大学事务委员会主席、校务委员会委员。

11月1日，中国科学院在北京成立，郭沫若任院长。

是年夏，由蔡尚思介绍加入中苏友好协会。由蔡尚思、郑建国介绍加入上海市大教联。

是年秋，由胡镜波介绍加入中国化学工业建设协会。

是年冬，由胡镜波介绍加入新民主主义青年团。

兼任上海私立震旦大学化工系教授。

升任上海沪江大学化学系副教授。讲授物理化学、有机化学、无机化学等课程。

1950年

在北京与钱伟长会晤，谈及政府的工商业发展政策。

1951年

2月，上海市人民法院民上字第1537号判决：吴浩青、吕顺珍离婚。

1952年

8月29日，在沪江大学完成《思想检查》书面材料20页，分7个部分，约1.7万字。

10月，全国高等院校院系调整，从沪江大学调到复旦大学化学系，任副教授。先后开无机化学、物理化学、化学热力学、电化学等课程。

是年，经由胡曲园介绍参加中国民主同盟，成为民盟盟员。

1953年

倪锦云由陶勇介绍到中国人民解放军第二军医大学任助教。

1955年

2月至6月，授课、指导毕业论文、指导进修学生等共计383课时。

6月1日至10日，中国科学院举行学部成立大会，公布了学部委员、学部常委名单。复旦大学陈建功、苏步青当选物理数学化学学部委员、常务委员，周同庆当选为该学部委员。陈望道当选为哲学社会科学学部委员、常务委员。

编撰《电化学讲义》（10万字）。

研究金属的腐蚀行为。

1956 年

2月19日，向中共复旦大学党委提交入党申请书，并附个人经历、家庭状况、思想过程汇报共20页，约1.5万字。

1957 年

4月，中国教育工会上海市委员会授予优秀工会积极分子奖励。

8月30日，向中共复旦大学党委递交入党志愿书。

9月8日，沈同洽在南京大学为吴浩青写证明材料（证明政治历史）。

9月，任复旦大学化学系副系主任。

12月31日，经叶志渊、秦启宗介绍，加入中国共产党，为预备党员。

是年秋，筹建双电层结构、电极表面性质实验室。是我国高校中第一个电化学实验室。

编著完成《化学热力学讲义》。

发表论文《钢样在磷酸钠溶液中氯离子存在的极化曲线与腐蚀曲线》，载《化工学报》本年第一期。

开设电极过程动力学课程。

1958 年

9月，主办全国第一次金属腐蚀及防护培训班。应吴学周邀赴长春应用化学所，并听到访的苏联科学院院士弗鲁姆金讲学。

10月，接待弗鲁姆金访问复旦大学化学系，特别向其展示了基础理论方面的研究工作（因弗氏在北京、长春旅游、参观中认为中国大跃进中有忽视理论的倾向）。周恩来1956年1月作的"关于知识分子问题的报告"中批评对理论研究注意不够，"有一种近视的倾向"。

12月，接待苏联（防）腐蚀专家来访。

是年，宜兴丁山小圩村老宅遭火灾，接79岁母亲来沪居养。

1959 年

1月16日，向复旦大学化学系总支递交预备党员转正报告，转正为中国共产党党员。

是年，主办全国第三届电化学会。

1960 年

10月14日，沪委（60）发字第565号文任命吴浩青为复旦大学化学系系主任。任物理化学教研组组长。

11月2日，陈望道校长签章同意校务委员会拟同意提升吴浩青为教授的审查意见。

是年春，指导研究生林志成做锑的零电荷电势实验。

任复旦大学化学系党总支委员和复旦大学化学系工会委员，分管统战工作。

发表论文《锑电极的电容及其表面性质》，载于《上海市科学技术论文选集（数学、化学）》。

1961 年

7月，完成科学动态报告《电化学近年来发展概况》。

7月，患急性肝炎，入第二军医大学治疗。后变为慢性肝炎，转长征医院，由张志雄主持治疗。

11月，经中央教育部审批，同意提升为教授。

是年，倪锦云在第二军医大学转为军籍。

1962 年

7月，指导研究生林志成毕业，毕业论文为《应用交流电桥测量电容法对锑电极表面性质及其零电荷电位的研究》。

发表论文《锑的零电荷电势》，载《化学学报》，1962（29）：95-98，确定锑的零电荷电势为 $-0.19\pm0.02V$，为研究双电层结构及电极过程提供了重要数据，载入国际电化学专著，为国际电化学界所公认。

发表论文《阴离子对镉电沉积的极化影响》，《复旦大学学报》，1962，7：79-85。

是年母亲陆珍病故，享年 83 岁。

1963 年

12 月，指导研究生邵毓芳、戴元声毕业。

是年春夏之际，研究生董明光重复作"锑的零电荷电势"实验。实验结论与发表的相同。

发表论文《镉电沉积的极化性质及其阴离子效应》，载《复旦大学学报》，1963，8：89-95。

发表论文《锑在阴极极化过程中的电位突跃》，载《复旦大学学报》，1963，8：435-442。

1964 年

4 月，作锑电池的性能（-40℃）研究。

11 月，指导研究生周增梱毕业，毕业论文为《锑在硫酸溶液中的极化行为与添加剂对锑在硫酸中阴极过程的影响》。

1965 年

12 月，修改研究生董明光撰《锑及其氧化物作为电源材料的初步报告》。

12 月，指导研究生董明光毕业。

研究 H_2SiF_4 的电导率对百分浓度之间的关系，找出电导率最大的百分值，为蓄电池的生产提供数据。

建立用方波测量电池内阻的方法，为常州电池厂解决凝胶电解质电池测内阻问题。

为上海长宁蓄电池厂研制储备电池，研究氟硅酸的电导率与百分浓度的关系，为储备电池的生产提供了科学数据。现在生产上采用的仍是他当年提供的最高电导率的溶液。

发表论文《锑在酸、碱溶液中的阳极氧化》，载《化学学报》，1965，31：277-290。

1966 年

为无锡 308 部队研制水下兵器延时装置——海水电化学引信。

1968 年

2 月，完成无锡 308 部队委托研制的海水电化学引信——镁——氯化银电池。

2 月 28 日，完成《海水电化学引信第三阶段的研究结果汇报》。

被隔离审查，住牛棚约半年。

1969 年

10 月，下放罗店公社劳动改造。

1970 年

3 月 31 日，复旦大学革委会作出吴浩青"审查结论"。

6 月 1 日，奉命填写教职员工登记表。

1971 年

1 月，为化学系电化学专业编写《化学基础附录讲义》。

1972 年

6 月，修证《物理化学》自编教材。

1973 年

9 月 26 日，访问上海机床厂 7.21 工人大学，了解学生来源及课程设置、课时等情况。

11 月，完成心脏起搏器的微电池测量实验。

12 月 11 日，出席青年教师座谈会。

12 月，完成心脏起搏器电池科研报告初稿。

回电化教研组工作。

1974 年

3 月 25 日，参加轻工业部上海电子手表鉴定会。

4 月 19 日，接上海市教育局革委会沪教高（74）26 号文件，要求接受为解放军 308 部队研制"416"、"491"反坦克地雷的电池任务。

4 月 25 日，安排招生工作。本年，电化学与化学电源专业向全国招生 32 名。

5 月 3 日，到上海电池厂开门办学，每周三、四下午上课。

5 月 10 日，制订电化学专业教学计划。

5 月 16 日上午，接待美国耶鲁大学教授代表团来访。

5 月 24 日，组织"416"、"491"研制项目组，得 308 部队专项科研经费 5000 元。

6 月 7 日，听工人王师傅上关于干电池课。

与汉口长江电池厂厂校挂钩，协作研制双氯电池、锌氧电池，为厂方人员开办短期培训班。

为稀有元素专业工农兵学员授课。

1975 年

1 月，完成《原子结构讲义》撰写。

1 月，编写《化学动力基础知识及化学电源中的动力学讲义》，作为电化学及化学电源专业试用教材。

9 月 9 日，接受教育部调查提问。

11 月 20 日，参加教育部来人召开的座谈会。

修订《化学热力学》自编教材。

1976 年

1月12日，参观桃浦化工厂，对制取 H_2O_2 产生新思路。

3月16日，出席在上海天平仪厂召开的数字地震倾斜仪研制协作组会议。

3月，修订《物理化学》，作电化学专业、化学电源专业试用教材。

9月，下放上海电池厂劳动，指导学生毕业实践和劳动。

12月13日，指导电化学专业73届毕业实践小组与上海电池厂708配套电池试制组作"电解浸渍法制镉电池正极板"实验总结。

参加国家"768"工程科研项目：数字地震倾斜仪的研制。负责传感器中的导电液研究。倾斜仪分别设置在上海及南昌运转，检测得到高灵敏度的地震波数据，项目经由国家地震局鉴定（仪器鉴定书编号为81-003，1981年7月鉴定）、验收后推广应用。

作电池（研究）规划（十年规划）。

1977 年

4月26日，作三年来物理化学、电化学教学小结。

6月17日，参加党员大会，了解参加中共十一大的上海代表名单。

10月27日，按教育部规定填报自然科学规划。

为上海18所解剖 $Li-I_2$ 电池（该电池用于埋入式心脏起搏器）。

对桥臂在 $10K\Omega$ 的交流电桥提高测量低电导电解液的灵敏度做了改进，为测量凝胶电解质的内阻，测量离子交换膜的电阻、有机溶剂和无机电解质溶液的电导率提供了有效的实验方法。

准备12月的全国新生招考工作。

与上海电池厂合作研究二次 En—空电池。

1978 年

2月，宝山县授予"一九七七年度烈军属、革命残废军人、复员退伍转业军人积极分子"奖状。

6月13日，主持化学专业研究生复试。

7月7日，中共复旦大学委员会作出关于撤销吴浩青同志原审查结论的决定，决定认为："文化大革命"中对吴的审查是错误的，一切诬陷不实之词应予推倒，消除影响。

8月1日至10月2日，任中国化学工作者代表团团长，率田昭武、查全性、杨文治、徐积功赴英国参加国际光化学会议，赴匈牙利参加国际电化学会议。

8月6日，出席第九次国际光化学会议（英国剑桥）。

8月8日至12日，出席第二次国际太阳能光化学转化贮存会议（英国剑桥）。

8月28日至9月2日，出席国际电化学会议（匈牙利）。

8月31日，上海市教卫办批复同意吴浩青任复旦大学化学系主任。

9月25日至28日，出席第十一次国际能源讨论会（英国Braden）。

10月22日，出席系主任、总支书记会议，讨论理科专业调整、教学计划、教学科研方向等问题。

10月26日，报教育部复旦大学近代化学研究所拟设科研机构：1 催化研究室；2 稀土化学研究室；3 高分子物理研究室；4 环境分析化学研究室；5 量子化学或理论化学研究室；6 电化学研究室、有机化学研究组。

11月8日，出席上海市轻工业局电镀技术会，针对电镀层脱落、防锈不达标，从化学层面提出意见。

1979年

1月，为研究生教学编写《统计热力学》教材。

9月25日，上海市高等院校国庆三十周年科学报告会上，主持"催化技术"报告（上海科学会堂）。

10月，提交中国电子学会化学与物理电源学会年会论文《锂—氧化锑电流》。

当选为国际电化学学会会员。

为本科生编写《统计热力学讲义》，同时开设该课程。

是年参与国家"768"工程，对地倾斜仪电解液研制作出贡献，获复旦大学科研二等奖。

当选为中国化学学会常务理事。

1980 年

1月16日，长海医院检查，诊断患有高血压、动脉硬化、胸膜积水、脑弹性减退。

5月27日，复旦大学第14届科学报告讨论会上作"扣式锂——三氧化锑电池"及"n-GaAsi-xPx的光电化学行为"的学术报告。

11月，当选为中国科学院化学学部委员（院士），化学学部常委。

同月，被批准为博士生导师。

任中国化学会第二十届常务理事，《化学学报》常务编辑。

在化学学会做防酸盐保护学术报告。

1981 年

3月，完成"SDQ型数字地倾斜仪传感器内导电液的研究报告"。

4月15日至21日，出席在重庆召开的中国第十五届电源会议，对Li/MnO$_2$电池制备技术尤为关注。

5月，出席中国科学院第四次学部委员大会。

6月，指导硕士研究生邢雪坤毕业，硕士论文题目为《锂在非层状结构化合物中的嵌入反应——Li/TiO$_2$电池的研究》；指导硕士生吴益华、徐苹毕业论文。

7月，指导硕士生范玉琴硕士论文。

9月26日至10月31日，受联合国教科文组织安排，赴日本、美国进行"大学化学实验室"考察、访问。

9月26日至10月8日，访问日本，同行者于同隐、邓家祺。

9月28日，访问大阪市立大学，了解化学专业博士生、硕士生教学、培养情况。

9月29日，访问大阪府立大学，了解本科生课程设置，课程博士、论文博士的区别，收费情况。考察该校实验室设备、污水处理中心设备。

9月30日，访问国立大阪大学，重点了解高分子方面的研究工作。参观物化实验室、测试中心。

10月2日，参观京都岛津仪器制造厂，得知日本正在试制ESCA。对日本注重先进仪器的自制、主张自己生产的做法很赞赏。

10月5日，访问东京大学，由日本化学学会会长Prof、Hoda陪同参观计算机中心，放射中心。

10月6日，访问东京工业大学，对该校污水处理、化学修筛电极感兴趣。

10月7日，参观东京理化研究所，对该所研制的（高分子）人工血管、导电性能好的高分子膜印象深刻。

10月8日-31日，与于同隐、邓家祺赴美参加联合国科教文组织化学教育考察团，访问了纽约州立大学石溪分校、宾夕法尼亚大学、密歇根大学、西北大学、芝加哥大学和加州伯克利分校等。

发表论文"锂—氧化铅电池代替手表中的锌—氧化银电池"，载于《第十五届全国化学与物理电源会议论文集》。

"飞行平台上电解液的研究"研究项目获得国防科委科研成果奖四等奖。

开设研究生学位课程电化学专题（一）、（二），杂志报告和讨论。

1982年

1月12日至25日，应邀赴香港中文大学讲学。其间访问了香港明达电池厂。

3月15日，完成"大学化学实验室考察日本、美国"考察报告。

5月28日，在复旦大学第十六届科学报告讨论会作"锂在非层状结构氧化物晶格中的电化学嵌入过程"的学术报告。

10月，在青岛中国科学院海洋研究所和山东大学讲学，主题为锂电池的放电机理。

接待来校讲学的中国科学院学部委员唐敖庆。

发表论文《在Li/TiO$_2$电池中的嵌入反应》，载《化学学报》，1982，40：201-210。

发表论文"The Electrochemical Intercalation of into Oxides of Non-layered

Structure", ISE 33rd Meeting, France 1982, Extended Abstracts: 347-349。

是年入选为国际电化学学会会员。

1983 年

3月25日至29日，应邀参加于无锡举办的中国第二届快离子导体学术讨论会，作题为"固态离子学中的电化学嵌入"的学术报告。

5月4日，作扣式Li/（CH）$_x$电池初步放电行为的测试分析。

5月26日，体检检出患高血脂、冠心病。

8月，出席中国化学学会理事西安会议。

10月10日至15日，应邀在安徽大学讲学，主题包括：①物理化学前沿；②电化学的现状和展望；③嵌入化合物的物理化学；④锂电池及其放电机理；⑤固体的电解质；⑥光电化学。

11月，被选为中国电工技术学会第一届专业委员会委员。

出席全国电源会议，作题为"Li（CH）$_x$"学术报告。

12月28日，为长沙半导体材料厂作题为"Li/MnO$_2$电池的工艺"学术讲演。

12月，科研项目"768数字双轴气泡倾斜仪"获上海市优秀新产品奖三等奖。

秋，建立穆斯堡谱实验室。

发表论文《物理化学的前沿》，载《自然杂志》，1983，6：182-183。

1984 年

1月5日至12日，出席中国科学院学部委员大会及化学部常委会议。

2月27日至29日，赴常州电池厂讲学，题目为"锂电池的近代发展"。

5月19日，上海化学学会作学术报告，题目为"嵌入化合物的物理化学"。

5月25日，在复旦大学第18届科学报告讨论会作"锂—聚乙炔电池中的电化学嵌入反应"的学术报告。

6月15日至17日，出席轻工业部电源所论证会。

9月，赴英国Bringhton参加第十四届国际能源会议，首次提出"锂在共轭双键高分子中的嵌入反应机理"。

11月5日，作302/Li电池充放电测试，并作分析。

11月22日，为研究生讲授"恒电位法测球形电极中的扩散"。

编写《电化学嵌入反应中的扩散动力学讲义》。

发表论文"锂—氧化铜电池及其放电机理"，载《化学学报》，1984，42：220-226。

建立激光实验室。

发表论文"An Electrochemical Intercalation Reaction in a Li/（CH）$_x$ Bettery," Power Source 10, Proceeding of the 14th International Power Sources Symposium。Held at Brighton, Sept., 1984：175-182。

发表论文"锂—氧化铁电极的穆斯堡尔谱研究"，载《第三届全国电化学专业会议论文摘要汇编》，1984（1）：1-14。

获复旦大学1981—1984年度研究生导师教学一等奖。

是年担任《高等学校电化学报》编辑。

1985年

5月28日，复旦大学第19届科学报告会作"电化学的现状和展望"的学术报告。

6月5日，填写《中国共产党党员登记表》。

7月20日至9月1日，青岛海洋研究所讲学。

发表论文《锂在非层状结构硫化物中嵌入过程的交流阻抗研究》，载《上海市化学化工学会年会论文摘要汇编》。

发表论文《锂在共轭双键高分子中的电化学嵌入反应：Ⅱ．在聚苯胺中的嵌入过程》，载《上海市化学化工学会年会论文摘要汇编》。

编写《电化学基础知识讲授提纲讲义》，作为授课之用。

论文"An electrochemical in the calation reaction in a Li/（CH）$_x$ battery"收入 Power Source 10，第175-182页。

是年起任化学系博士后流动站站长。

1986 年

8月，赴青岛中国科学院疗养院疗养。

11月，获得发明专利两项，"蒙脱石作为锂电池的阴极活极材料"，发明申请号：85 1 03963；"固体电解质锂蒙脱石及其在电池中的应用"，发明申请号：85 1 03956。

发表论文《锂—氧化铜电池及其放电机理》，载《化学学报》，1986（42）：220-226。

发表论文《锂—硫化铜电池及其阴极行为研究》，载《化学学报》，1986，44：794-799。

1987 年

2月7日，赴无锡疗养。

3月26日，出席中纺AB抗菌防臭纤维及其织物鉴定会。

4月编著《锂电池放电机理——嵌入反应的研究》，未出版。

5月16日，应邀访母校苏州中学，并在昔年每日晨读处"道山亭"留影。

7月，研究课题"锂电池放电机理——嵌入反应的研究"，获得国家教育委员会科学技术进步奖二等奖。

9月4日至20日赴德国、荷兰参加第三十八次国际电化学会议。

受聘为上海新宇电源厂高级工程师评审委员。

发表论文《锂在共轭双键熵分子中的电化学嵌入反应：I.锂在聚吡咯中嵌入过程的电子能谱研究》，载《化学学报》，1987，45：631-635。

发表论文《锂在非层状硫化物中的电化学嵌入反应：I.锂在硫化铅中的嵌入过程》，载《化学学报》，1987，45：1147-1151。

发表论文 "The Kinetics of Intercaltion Electrode Reaction"，38th Meeting, the Netherlands, Maastricht. *Extended Abstract*, 1987（I）：236.

发表论文 "Investigation of Lithium Intercalation into Iron Oxides by Mossbauer Spectrum", International Sociaty of Electrochemisty, 38th Meeting, Netherlands, Maastricht. *Extended Abstract*, 1987（II）：805.

是年秋，出席在武汉大学召开的全国电化学会议。

出席中国科学院化学学部无锡会议。

1988 年

1 月，制备 Li/V$_6$O$_{13}$ 电池，Li$_{1+x}$/V$_3$O$_8$ 电池，Li/MnO$_2$ 电池并测试充放电。

5 月 6 日至 7 日，解剖 Li/MnO$_2$ 电池，Li/V$_6$O$_{13}$ 电池。

10 月，获中国科学院"从事科研工作五十年，为科学事业发展做出重要贡献"荣誉奖状。

12 月 6 日，填写《干部履历表》。

任中国科学院长春应用化学研究所电分析化学开放实验室第一届学术委员会主任委员。

发表论文《一种新型快离子导体——锂、钠蒙脱石》，载《应用化学学报》，1988 6（5）：72-74。

1989 年

5 月，科研项目"768 双轴气沦倾斜仪"获上海市科技进步奖三等奖。

9 月，课程"研究生教学"获得复旦大学优秀教学成果奖二等奖。

任第五届国际锂电池会议科学顾问委员会委员，厦门大学固体表面物理化学国家重点实验室学术委员会委员。

获得实用新型专利一项，项目名称为"蒙脱石作为固体电解质的架空金属管道阴极保护回路"，专利号为：89 2 02584.0。

发表论文"Theoretical treatment of kinetics of intercalation electrode reaction"，*Electrochimica Acta*, 34（2）：157-159（与李永舫合作，第二作者）。

1990 年

4 月，任母校苏州中学校友总会荣誉会长。

5 月 19 日，接待日本专家小泽昭弥、芳尾真幸访问复旦大学。

7 月，享受国务院政府特殊津贴。

10月，项目"锂电池放电机理——嵌入反应的研究"申请国家自然科学奖。

11月6日，递交党员重新登记申请表。

12月6日，填写《中国共产党党员登记表》。

当选为中国化学会第二十三届理事会理事。

任第二届亚洲固态离子学会顾问委员会委员。

1991 年

6月25日，出席中国科学院学部委员大会。

10月，获得实用新型专利一项，专利名称为"全固态锂尖晶石结构的二氧化锰蓄电池"，专利号为：89 2 11318.9。

是年，沪江大学执教时期的学生汪尔康当选中国科学院学部委员（院士）。

1992 年

1月23日，参加中国科学院沪区学部委员迎新年活动。

4月18日，复旦大学举行吴浩青教授执教55周年暨八十华诞庆祝大会（江南地区有做九不做十的说法，故有逢虚九即作整十做寿之习俗），校长华中一、副校长杨福家等出席。

5月27日，在复旦大学第26届科学报告讨论会作"$LiMn_2O_4$中子衍射及其电化学行为"的学术报告。

8月，与李永舫合著《电化学动力学》脱稿。

9月，申请国家自然科学基金"嵌入电极的基础研究"，获资助金额10万元。

1993 年

5月，指导博士生余爱水毕业，博士论文题目为《锂在改性二氧化锰中的嵌入反应》。

5月27日，在复旦大学第27届科学报告讨论会作"Li/聚吡咯、Li/

聚噻吩、Li/聚乙炔等电池反应的控制步骤"的学术报告。

6月20日，接待田绍武访问复旦大学化学系。

10月10日至15日，参加在路易斯安那举办的美国电化学会第184届年会，并做开幕报告"Statistical Theory of Lithium Ordering in（Mn_2O_4）"。报告时长25分钟，讨论5分钟。得到大会执行主席所致书面通知："你的论文是非常杰出的"评价。

11月16日，作会议情况书面汇报，上报国家教委国际合作司，建议"863"专家委员会对汽车动力电源研究作有组织、有领导的立题，组织攻关工作。

12月16日，在复旦大学二十一世纪学会序论演讲会上做演讲。

12月，获得发明专利一项，发明名称为"以锂锰复合氧化物为正极的全固态锂蓄电池"，专利号为：91 1 07336.1。

赴常州电池厂作学术指导。

发表论文《锂在共轭双键高分子中的电化学嵌入反应：Ⅱ．锂在聚吡咯中嵌入反应的量子化学研究》，载《化学学报》，1993，51：23-29。

1994 年

5月，在上海市化工学会年会上作学术报告。

发表论文《锂在[Mn_2O_4]中的电化学嵌入反应》，载《化学学报》，1994，52，763-766。

发表论文《Li/CDMO电池及其放电机理研究》，载《化学学报》，1994，52，774-778。

1995 年

5月，指导博士生刘平毕业，论文题目为《摇椅式锂电池阳极材料》。

6月，获蔡冠深中国科学院院士荣誉基金会"中国科学院院士荣誉奖金"。

8月26日—9月1日，任第46届国际电化学会议分会主席。

发表论文"Construction and destruction of passivating layer on Li_xC_6 in organic electrolytes: an impedance study", *J. Power Sources*, 1995, 56: 81-85。

是年，沪江大学执教时期的学生沈之荃当选为中国科学院院士。

是年，复旦大学亲炙学生邓景发当选为中国科学院院士。

1996 年

10 月，参加中国科学院院士大会，发现轻度脑栓。

10 月，试服神经节苷脂（可扩张脑血管）。

12 月 13 日，在物理化学专业委员会作第十届年会学术报告。

参加在日本举办的第八次国际锂电池会议。

受聘担任上海市化学化工学会物理化学专业委员会、电化学专业学组、化学电源专业学组、蓄电池协作组的总顾问。

发表论文"Diffusion of lithium in carbon", *Solid State Ionics*, 92 (1996): 91-97。

"合金元素对 $Mg_{50}Ni_{50}$ 非晶态氢氧化物电极性能的影响"获上海市化学化工学会颁发的 1996 年优秀论文奖。

1997 年

1 月 10 日，《人民日报》刊载隋泉涌《育苗青天下》一文，介绍他如何教书育人。

5 月 21 日，参加复旦大学档案馆举办的顾翼东院士个人档案捐赠仪式。

发表论文"Constant phase angle impedance on solid electrolyte Na-montmorillonite / graphite", *Solid State Ionics*, 100 (1997) 319-329。

发表论文《Li / α-Sn (HPO$_4$)$_2$ 电池及其反应机理》，载《电化学》，1997，3: 378-382。

获得该年度"复光教学科研奖励基金奖"。

1998 年

5 月，指导的博士后蔡润良顺利出站，出站报告题目为"锂离子电池尖晶石锂锰氧化物正极研究"，同时，指导的硕士研究生祖革毕业。

6月，专著《电化学动力学》由高等教育出版社和德国施普林格（Springer-Verlag）出版社联合出版。

发表论文《尖晶石 $LiMn_2O_4$ 电极的循环伏安研究》，载《电源技术》，1998：22：234-236。

获得该年度"复光教学科研奖励基金奖"。

1999 年

1月，指导博士生龚金保毕业，博士论文题目为《低温热处理碳作为锂离子电池阳极材料的研究》。

5月，指导博士生何涛毕业，博士论文题目为《锂锰尖晶石阴极材料的研究》。

6月，受聘为无锡市人民政府高级科技顾问。

发表论文《四元尖晶石相 Li-M-Mn-O（M=Ni，Cr，Mo，V）嵌入电极的研究》，载《化学学报》，1999，57：653-658。

发表论文《锂在聚萘中的电化学嵌入反应研究》，载《化学学报》，1999，57：465-471。

获得该年度"复光教学科研奖励基金奖"。

2000 年

1月，当选为浙江大学校友总会理事。

5月23日，复旦大学第34届科学报告讨论会作"一种用锂填充纳米碳管的电池学方法"的学术报告。

10月，受聘担任《新世纪幼儿版十万个为什么》丛书编委。

发表论文 Structural origin of the formation of odd-numbered carbon clusters from fullerene derivatives，*CHINESE PHYSICS LETTERS*，17：（6）419-421。

用猪脑做实验，提取有效成分，试制神经节苷脂。

2001 年

2月，专著《电化学动力学》由台湾科技图书出版有限公司出版繁体字版。

发表论文 The electrochemical impedance measurements of carbon nanotubes，*CHEMICAL PHYSICS LETTERS*，2001，343，Iss 3-4：235-240。

发表论文 Theoretical studies on the cyclic voltammograms of intercalation electrode reactions，*ACTA CHIMICA SINICA*，2001，59，Iss 6：871-876。

发表论文《碳纳米管的纯化——电化学氧化法》，载《高等学校化学学报》，2001，22：446-449。

发表论文《迁入电极反应循环伏安曲线的理论研究》，载《化学学报》，2001，59：871-876。

2002 年

发表论文 Charge - dischcharge characteristics of raw acid-oxidized carbon nanotubes，*Electrochem Commun*，2002，4：574-578。

发表论文 Reaction kinetics of amorphous $Mg_{50}Ni_{50}$ hydride electrode，*J. Alloys Comp.*，2002，346：244-249。

2003 年

11月28日，出席复旦大学高分子系十周年系庆学术报告会。

11月28日，参加复旦大学档案馆举办陈望道先生档案捐赠仪式。

发表论文 Charge/discharge hysteresis characteristics of an amorphous $Mg_{50}Ni_{50}$ hydride electrode，*J. of Shanghai University*，2003，7：93-96。

发表论文 Effects of doped copper on electrochemical performance of the raw carbon nanotubes anode，*Mater. Letter*，2003，57：3160-3166。

2004 年

4月，复旦大学举行吴浩青院士九十华诞暨学术报告会，中科院院士汪尔康等出席。《吴浩青院士论文集Ⅰ》由复旦大学出版社出版。

10月，出席复旦大学第八次校务会议。

担任《高等学校化学学报》顾问编委。

2005 年

5 月，至电化实验室观察。

9 月 24 日，出席复旦大学百年校庆庆典大会。

2006 年

8 月，接待上海市科协工作人员访问，并在寓所前合影留念。

9 月，以校务委员身份参观复旦大学江湾校区。

12 月 18 日，组建复旦大学—大恒—金马特种电源研发中心，任中心主任。

12 月，为复旦大学化学系成立 80 周年题词。

是年，与学生余爱水、王卫江等和北京中国创新投资公司合作研发生产新颖超薄全固态薄膜锂电池。

发表论文《锂在共轭双键高分子中的电化学嵌入反应Ⅲ．锂嵌入聚集噻吩的量子化学计算》，载《化学学报》，2006，24：2431-2436。

2008 年

4 月，95 岁生辰，捐献积蓄，在复旦大学化学系设立"吴浩青奖学金"。

秋，因病入华东医院治疗。

发表《锑零电荷电势测定数据一览》，载《吴浩青论文集》，第 331-334 页。

2009 年

华东医院治疗。

2010 年

7 月 18 日上午 8 时 58 分因病抢救无效，于华东医院逝世，享年 97 岁。

7 月 22 日 15 时 30 分在上海龙华殡仪馆银河厅举行送别仪式。党和国家领导人有的送花圈，有的向家属发唁电慰问。

附录二 吴浩青主要论著目录

一、论文

[1] 硒之有机化合物. 国立浙江大学工程季刊, 1935, 1: 129-133.

[2] 芳香氨基醛及酮的合成. 美国化学会志, 1944, 66: 1421.

[3] 钢样在磷酸钠溶液中氯离子存在的极化曲线与腐蚀曲线. 化工学报, 1957, 1: 1-8.

[4] 阴离子对镉电沉积的极化影响. 复旦大学学报, 1962, 7: 79-85.

[5] 镉电沉积的极化性质极其阴离子效应. 复旦大学学报, 1963, 8: 89-95.

[6] 锑的零电荷电势. 化学学报, 1963, 29: 95-98.

[7] 锑在阴极极化过程的电位突跃. 复旦大学学报, 1963, 8: 435-442.

[8] 锑在酸、碱溶液中的极化行为. 化学学报, 1965, 31: 277-290.

[9] N-GaAs1−$_x$P$_x$ 的光电化学行为. 高等学校化学学报, 1982, 3: 381-388.

[10] 在 Li/TiO$_2$ 电池中嵌入反应. 化学学报, 1982, 40: 201-210.

[11] 锂在嵌入物 Li$_x$Tio$_2$ 中的扩散行为. 化学学报, 1982, 40: 969-976.

[12] 物理化学的前沿. 自然杂志, 1983, 6: 182-183.

[13] 锂—氧化铜电池及其放电机理. 化学学报, 1984, 42: 220-226.

[14] An electrochemical intercalation in a Li/(CH) batter. Power Source 10

（12）：175-182.

[15] 锂—硫化铜电池及其阴极行为研究. 化学学报, 1986, 44: 794-799.

[16] 关于锂—氧化铜电池的放电机理. 电源技术, 1987, 2: 4-5.

[17] 锂在共轭双键高分子中的电化学嵌入反应: Ⅰ锂在聚吡咯中嵌入过程的电子能谱研究. 化学学报, 1987, 45: 631-635.

[18] 锂在非层状硫化物中的电化学嵌入反应: Ⅰ. 锂在硫化铅中的嵌入过程. 化学学报, 1987, 45: 1147-1151.

[19] Electrochemical intercalation reaction of lithium into sulfides of nonlayer structure: (Ⅰ) Lithium intercalation in lead sulfide. Acta Dhim. Sinica, 1987, 45: 287-293.

[20] 一种新型快离子导体——锂、钠蒙脱石头. 应用化学, 1988, 5（6）: 72-74.

[21] Theoretical treatment of kinetics of intercalation electrode reaction. Electrochim. acta, 1989-34: 157-159.

[22] 锂在共轭双键高分子中的电化学嵌入反应Ⅱ: 锂在聚吡咯中嵌入反应的量子化学研究. 化学学报, 1993, 51: 23-29.

[23] 锂在[Mon_2O_4]中的电化学嵌入反应: Ⅰ. 热力学性质. 化学学报, 1994, 52: 763-766.

[24] Li/CDMO电池及其放电机理研究. 化学学报, 1994, 52: 774-778.

[25] Construction and destruction of passivating layer on Li_xC_6 in organic electrolytes: an impedance study. J. Power Sources, 1995, 56, 81-85.

[26] 锂/聚噻吩体系的动力学模型. 化学学报, 1995, 53（7）: 677-682.

[27] Diffusion of lithium in carbon. Solid State Ionics, 1996, 92: 91-97.

[28] 有限线性扩散区域内EC'反应催化电流. 高等学校化学学报, 1996, 17: 1714-1716.

[29] Amrorphization and electrochemical hydrogen storage properties of mechanically alloyed Mg-Ni. J. Alloys Comp, 1997, 252: 234-237.

[30] Effects of substitution of other elements for nickel in mechanically alloyed $Mg_{50}Ni_{50}$ amorphous alloys used for nickel metal hydride batteries. J.

Alloys Comp, 1997, 261: 289-294.

[31] A new family of fast ion conductor-montmorillonites. Solid State Ionics, 1997, 93: 347-354.

[32] Constant phase angle impedance on solid electrolyte Na-montmorillonite/graphite. Solid State Ionics, 1997, 100: 319-329.

[33] Structural aspects of lithiated carbon. Synth. met, 1997-88: 95-100.

[34] Li/α-Sn（HPO$_4$）$_2$电池及其反应机理. 电化学, 1997, 3: 378-382.

[35] 异咯嗪蒙脱石修饰电极的电化学行为. 电化学, 1997, 3: 40-44.

[36] 锂离子电池阴极材料尖晶石结构 Li$_{1+x}$Mn$_{2-x}$O$_4$ 的研究. 电化学, 1998, 4: 365-371.

[37] 尖晶石 LiMn$_2$O$_4$ 电极喜欢伏安研究. 电源技术, 1998, 22: 234-235.

[38] 脉冲激光沉积 LiMn$_2$O$_4$ 薄膜的研究. 高等学校化学学报, 1998, 19: 1462-1466.

[39] Structural and electrochemical properties of disordered carbon prepared by the pyrolysis of poly（p-phenylene）below 1000℃ for the anode of a lithium-ion battery. Carbon, 1999, 37: 1409-1416.

[40] Characterization of a new spinel Li-Cr-Mn-O for secondary lithium batteries. J. Electroanal. chem., 1999, 463: 24-28.

[41] 四元尖晶石 Li-M-Mn-O（M=Ni, Cr, Mo, V）嵌入电极的研究. 化学学报, 1999, 57: 653-658.

[42] 锂在共轭双键高分子中的电化学嵌入反应: Ⅲ. 锂嵌入聚萘中的电化学嵌入反应. 化学学报, 1999, 57: 465-471.

[43] Electrochemical intercalation of lithium species into disordered carbon prepared by the heat-treatment of poly（p-phenylene）at 650℃ for anode in lithium battery. Electrochim. Acta, 2000, 45: 1753-1762.

[44] Lithium intercalation into the shell of 'cylindrical hard deposit', Chem. Phys. lett., 2001, 343: 235-240.

[45] The electrochemical impedance measurements of carbon nanotubes. Chem. Phys. lett., 2001, 343: 235-240.

[46] Electrochemical studies of substituted spinel LiAl$_y$Mn$_{2-y}$O$_{4-z}$F$_z$ for lithium secondary batteries. J. Fluor. Chem. 2001, 107: 37-44.

[47] Electrochemical intercalation of lithium into raw carbon nanotubes, Mater. Chem. Phys. 2001, 71: 7-11.

[48] Electrochemical intercalation of lithium into fullerene soot. Mater. Lett., 2001, 50: 108-114.

[49] Electrochemical intercalation of lithium into carbon nanotubes. Solid State Ionics, 2001, 143: 173-180.

[50] 碳纳米管的纯化－电化学氧化法. 高等学校化学学报, 2001, 22: 446-449.

[51] 嵌入电极反应循环伏安曲线的理论研究. 化学学报, 2001, 59: 871-876.

[52] Charge-discharge characteristics of raw acid-oxidized carbon nanotubes. Electrochem. Commun. 202, 4: 574-578.

[53] Reaction kinetics of amorphous Mg$_{50}$Ni$_{50}$ hydride electrode. J. Alloys Comp., 2002, 346: 244-249.

[54] Charge/discharge hysteresis characteristics of an amorphous Mg50Ni50 hydride electrode. Journal of Shanghai University, 2003, 7: 93-96.

[55] Effects of doped copper on electrochemical performance of the raw carbon nanotubes anode. Mater. Lett., 2003, 57: 3160-3166.

[56] 锂在共轭双键高分子中的电化学嵌入反应Ⅲ. 锂嵌入聚噻吩的量子化学计算. 化学学报, 2006, 24: 2431-2436.

[57] 公开发表的锑零电荷电势测定数据一览. 2008 吴浩青论文选集, 2008: 331-334.

二、著作

[1] 电化学动力学. 高等教育出版社, 施普林格出版社, 1998.

[2] 电化学动力学. 台湾成阳出版社, 2001.

参考文献

[1] A.H. 弗鲁姆金，等著，朱荣照，译. 电极过程动力学［M］. 北京：科学出版社，1965.

[2] 曹红葵. 对锂电池现状及发展趋势的综述［J］. 江西化工，2009（03）.

[3] 陈军，陶占良，苟兴龙. 化学电源——原理、技术与应用［M］. 北京：化学工业出版社，2006：288.

[4] 陈雷，戴建兵. 统制经济与抗日战争［J］. 抗日战争研究，2007（2）.

[5] 陈明远. 二三十年代北京的生活水平［J］. 百姓，2003（2）.

[6] 陈宁，吴雅茗. 几生清福到龙泉——浙大在龙泉办学的七年［N］，浙江日报，2010-09-03.

[7] 陈熙. 1955—1956 上海首次城市人口紧缩与粮食供应［J］. 当代中国史研究，2011（3）.

[8] 复旦大学民盟盟员谴责章伯钧罗隆基等的错误言论［N］，人民日报，1957-06-13.

[9] 高耀明. 民国时期高校招生制度述略［J］. 高等师范教育研究，1997（4）.

[10] 顾明远. 论苏联教育理论对中国教育的影响［J］. 北京师范大学学报（社科版），2004（1）.

[11] 国立师范学院概况［M］. 长沙：出版单位不详，1947：1，9，17.

[12] 何季民. 淘纸——说不尽的人生考场［M］. 北京：昆仑出版社，2012：45 页.

［13］胡守钧. 社会共生论［M］. 上海：复旦大学出版社，2006：232-235.

［14］胡铁军. 百年苏中. 卷一·三元春秋［M］. 苏州大学出版社，2005：94-95.

［15］黄希礼. 吴院士与绿树林［N］，复旦大学老教授/退（离）休教师协会简报（第38期）.

［16］黄祥. 我的浙大［J］. 浙大校友，2002（上）.

［17］黄辛建、王建国. 抗战时期的防空学校［J］. 文史杂志，2010（4）.

［18］黄彦瑜. 锂电池发展简史［J］. 物理，2007（8）.

［19］霍益萍. 近代中国的高等教育［M］. 上海：华东师范大学出版社，1999：210-233.

［20］建国初期全国高等学校院系调整文献选载1951-1953［J］. 党的文献，2002（6）.

［21］孔春辉，主编. 师范弦歌——从蓝田到岳麓［M］. 长沙：湖南师范大学出版社，2008：9，316，328.

［22］李长林. 第九次国际光化学会议［J］. 化学通报，1979（1）.

［23］李国欣. 新型化学电源技术概论［M］，上海. 上海科学技术出版社，2007：260-273.

［24］李曙白，李燕南. 西迁浙大［M］. 浙江大学出版社，2007：5，77，185，223.

［25］刘见华. "国师"，一场蓝田旧事［N］. 潇湘晨报，2012-7-23.

［26］卢文斌，周冬香，吴浩青. 锂-硫化铜电池及其阴极行为的研究［J］，化学学报，1986（44）：794-799.

［27］潘懋元，主编. 中国高等教育百年［M］. 广州：广东高等教育出版社，2003.

［28］齐全胜，主编. 复旦逸事［M］. 沈阳：辽海出版社. 1998.

［29］曲世培. 中国大学教育发展史［M］. 北京：北京大学出版社，2006.

［30］上海理工大学志（1906-2006）［M］. 北京：高等教育出版社，2006.

［31］沈志华. 毛泽东斯大林与朝鲜战争［M］. 广州：广东人民出版社，2003.

［32］四川联合大学经济研究所，中国第二历史档案馆，编. 中国抗战时期物价史料汇编［M］. 成都：四川大学出版社，1998.

［33］苏渭昌. 五十年代的院系调整［J］. 中国高教研究，1989（4）.

［34］苏州中学校史编委会. 苏州中学校史1035-1949［M］. 苏州：苏州大学出版

社，1999.

[35] 孙殿义，卢盛魁，主编. 院士成才启示录［M］. 广州：广东科技出版社，2003.

[36] 田昭武. 第二十九届国际电化学会年会简介［J］. 化学通报，1979（2）.

[37] 王剑如. 浙大龙泉七十年情缘［J］. 浙大校友，2009（3）.

[38] 王玉芝，罗卫东. 图说浙大——浙江大学校史简本［M］. 杭州：浙江大学出版社，2010.

[39] 王玉芝，主编. 求是之光——浙江大学文化研究［M］. 高等教育出版社，2011.

[40] 吴浩青，李永舫. 电化学动力学［M］. 北京：高等教育出版社，1998.

[41] 吴浩青，林志成. 锑的零电荷电势［J］. 化学学报，1963（2）.

[42] 吴浩青，戚小鹤. 锂在共轭双键高分子中的电化学嵌入反应［J］. 化学学报，1987，45：631-635.

[43] 吴浩青，周伟舫，林志成. 锑电极的电容及其表面性质［C］. 上海：1960年上海市科技论文选集Ⅰ. 1962：189.

[44] 吴浩青. 打好基础、循序渐进［J］. 中学生，2007：29.

[45] 吴浩青. 第二次国际太阳能光化学转化与储存会议［J］. 化学通报，1979（2）.

[46] 吴浩青. 绿色化学电源——锂电池［G］. 上海市对外文化交流协会. 院士展望二十一世纪［M］. 上海：上海科学技术出版社，2000.

[47] 吴浩青. 逆境［G］. 北京大学中国名人丛书编委会主编. 苦涩的梦（中国名人谈少年时代）［M］. 北京：北方妇女儿童出版社. 1990.

[48] 吴浩青. 油的一家［M］. 北京：少年儿童出版社，1999.

[49] 吴中杰. 复旦往事［M］. 桂林：广西师范大学出版社，2005.

[50] 谢鲁渤. 浙江大学前传——烛照的光焰［M］. 杭州：浙江人民出版社，2011.

[51] 邢雪坤，史美伦，陈民勤，吴浩青. 锂在嵌入物 Li_xTiO2 中的扩散行为［J］. 化学学报，1982，40（11）：969-976.

[52] 邢雪坤，史美伦，杨清河，吴浩青. 在 Li/TiO2 电池中的嵌入反应［J］. 化学学报，1982，40（3）：201-210.

[53] 邢雪坤，肖明，李川，吴浩青. 锂-氧化铜电池及其反应机理［J］. 化学学

报，1984，42（3）：220-226.

［54］熊岳平，曹学静，多晶琪，王鹏，黄楚宝，周定. 锌锰干电池中有机缓蚀剂作用机理的探讨［J］. 电源技术，1995（2）.

［55］严玲霞. 建国初期复旦大学的院系调整［J］. 世纪桥，2008（6）.

［56］燕爽，主编. 复旦改变人生［M］. 上海：复旦大学出版社，2005.

［57］杨达寿，等. 浙大的校长们［M］. 北京：中国经济出版社，2007.

［58］杨培新. 旧中国的通货膨胀［M］. 北京：人民出版社，1985.

［59］俞立中，主编. 师范之师——怀念孟宪承［M］. 上海：华东师范大学出版社，2007.

［60］张东刚. 20世纪上半期中国农家收入水平和消费水平的总体考察［J］. 中国农史，2000（4）.

［61］张烨. 重读五十年代的院系调整——基于教育政策借鉴理论的视角［J］. 华东师范大学学报（教育科学版），2007（2）.

［62］中华人民共和国重要教育文献［M］. 海口：海南出版社，1998.

［63］中央教育科学研究所，编. 中华人民共和国教育大事记［M］. 北京：教育科学出版社，1983.

［64］陈竹，曹继军. 科研报祖国，毕生一教鞭［N］. 光明日报，2010-7-20.

［65］方正怡，洪晖，毓明，主编. 科学人生：院士的故事［M］. 上海. 上海教育出版社，2006.

［66］李永舫，吴浩青. 锂在非层状硫化物中的电化学嵌入反应 I 锂在硫化铅中的嵌入过程［J］. 化学学报，1987，45：1147-1151.

［67］吴浩青. 关于锂-氧化铜电池的放电机理［J］. 电源技术，1987（2）：4-5.

［68］吴英杰，张钢. 抗日战争时期浙江大学的科学研究［J］. 自然辩证法通讯，1996（2）.

［69］燕爽，主编. 复旦改变人生·笃志篇［M］. 上海：复旦大学出版社，2005.

后 记

《化作春泥：吴浩青传》终于完成了，现即将正式出版公开于大家面前。可以说，这是迄今为止第一部关于吴浩青先生的传记性文字。它是在我们采集所得资料（著作、手稿、图片、录像、档案文献、访谈录音、考察调研）及查阅大量档案、图书资料的基础上形成的。就内容而言，是真实可信的。本传对吴浩青先生的家庭状况、求学经历、师承关系、工作历程、学术思想、教学理念、科研风格、科学成就，作出了较为全面的叙述。

吴浩青先生年少时即立下长大后要成为一名大学教授的志愿。成年后，他如愿以偿，并且终生守志不移。生前工作的七十余年间，只要条件许可，他不曾轻离讲坛、实验室，以教学科研为依归。有媒体以"终生事业一教鞭"为题对他作过专门报道。他没有做过大官，也没有许多显赫的头衔，只是一个踏踏实实的"教书匠"。政治上也没遭遇巨风涌浪，除繁忙的教学科研外，生活相对较平和恬静。因此，本传没有轰轰烈烈的宏大场面，总体上较舒缓平实，用字遣词则力求朴实。

吴浩青先生作为一位电化学家，在科学研究上有极强的敏感性和前瞻性，在该领域取得过不少引人注目的成果。如：20世纪50年代测定锑的零电荷电势 $-0.19\pm0.02V$，80年代初提出"嵌入反应"理论等，受到国内外同行的赞赏和尊敬。这在本传中有着重展开。

本项目采集工作得到复旦大学化学系领导的重视和支持，不仅系分党委副书记刘永梅副教授承担了项目小组工作，还将吴浩青先生遗散在系里的照片、书籍、手稿、实验记录等移交采集小组。又协同联系相关专业老师，接洽访谈事宜。由于本项目启动时吴浩青先生已逝世，对他本人进行直接访谈已成无法实现的憾事。他的教学理念、学术成长经历、学术思想、科研风格等，只能通过间接访谈，从他的学生、同事、家人口中去探究了。在这过程中，我们得到了他的研究生，20世纪50年代的林志成教授，60年代的董明光研究员、李国欣研究员，80年代的李永舫研究员，90年代的余爱水教授，和他的同事高滋教授、江志裕教授、陆寿蕴副教授、范康年教授、胡建国副教授、王卫江副教授以及他的夫人倪锦云老师、长子吴杰老师、女儿吴平等的热情支持、帮助。在他们的关心下，访谈工作顺利达到目标。访谈中，人们回忆起许许多多吴浩青先生在教学科研中的细小情节。如：课堂板书规范，条理清晰，书迹漂亮；课程讲授深入浅出，通俗易懂又妙趣横生；试卷批改一丝不苟，给分锱铢必较，近乎苛刻；实验操作严谨慎微，数据记录亲力亲为。科学研究目光敏锐，富有前瞻性。对学生的学习、日常生活，时时关心，常常援手相助等等。勾画出一个有血有肉，有个性，有情感的活生生的科学家形象来。

在教学科研上，吴浩青先生是个强者，是一个一心想为国家做些事情的人。在日常生活中，则是一个既懂生活，又善于生活的人。他上得菜场，下得厨房，并有一句名言——"人浇舌头，树浇根"，是讲饮食养身的。为人处世，他亦很有原则，他常常对家人讲"要认认真真做人，踏踏实实做事"，即是。

老科学家学术成长采集工作，如果离开了档案，其后果恐怕是难以想象的。本传的撰写，实得大力于档案的利用。故在此我们要感谢复旦大学档案馆的全力支持，感谢湖南师范大学档案馆的鼎力相助，感谢湖南省档案馆、浙江大学档案馆、上海市档案馆的支持。更要感谢吴浩青先生的家人，是他们把遗存手边的吴先生的手稿、图片、证书、录像带及其他实物等毫无保留地捐赠给了采集工程。吴浩青先生的夫人，92岁高龄的倪锦云老师，不顾体弱多病，三次接受访谈，且不厌其烦地一次次解答我们的疑问，令人感佩不已。

随着阅读档案资料的深入和写作工作的展开，采集小组对吴浩青院士的崇敬之情也逐渐加深。吴浩青院士不仅是一位研究成果丰硕的科学家，也是一位心无杂念、品性方正的老师。他是一位认真的人，实验的数据总是要反复确认；他是一个严格的人，对自己、对学生、对家人的要求都十分严格；他也是个淡泊名利的人，只讲做事，不求闻名；他还是个公私分明的人，决不允许自己和家人拿公家的一针一线……面对这样一位有着丰富人生经历、丰硕研究成果和七十余年教学经验的长者，仅靠有限的档案和访谈资料，要对他的一生进行细致回顾，难免挂一漏万，对于其曾经历的社会环境的判断，也难免存在偏差和错误，因此，还需敬请吴浩青院士的家人、同事、学生以及专家学者批评指正，以便继续改进。

本项目多次得到中国科协、上海科协领导的指导和关心，在此一并致谢。

本传由项目组成员陈熙博士执笔。

老科学家学术成长资料采集工程丛书
已出版（76种）

《卷舒开合任天真：何泽慧传》　　《此生情怀寄树草：张宏达传》
《从红壤到黄土：朱显谟传》　　　《梦里麦田是金黄：庄巧生传》
《山水人生：陈梦熊传》　　　　　《大音希声：应崇福传》
《做一辈子研究生：林为干传》　　《寻找地层深处的光：田在艺传》
《剑指苍穹：陈士橹传》　　　　　《举重若重：徐光宪传》

《情系山河：张光斗传》　　　　　《魂牵心系原子梦：钱三强传》
《金霉素·牛棚·生物固氮：沈善炯传》《往事皆烟：朱尊权传》
《胸怀大气：陶诗言传》　　　　　《智者乐水：林秉南传》
《本然化成：谢毓元传》　　　　　《远望情怀：许学彦传》
《一个共产党员的数学人生：谷超豪传》《没有盲区的天空：王越传》

《含章可贞：秦含章传》　　　　　《行有则　知无涯：罗沛霖传》
《精业济群：彭司勋传》　　　　　《为了孩子的明天：张金哲传》
《肝胆相照：吴孟超传》　　　　　《梦想成真：张树政传》
《新青胜蓝惟所盼：陆婉珍传》　　《情系梁菽：卢良恕传》
《核动力道路上的垦荒牛：彭士禄传》《笺草释木六十年：王文采传》

《探赜索隐　止于至善：蔡启瑞传》《妙手生花：张涤生传》
《碧空丹心：李敏华传》　　　　　《硅芯筑梦：王守武传》
《仁术宏愿：盛志勇传》　　　　　《云卷云舒：黄士松传》
《踏遍青山矿业新：裴荣富传》　　《让核技术接地气：陈子元传》
《求索军事医学之路：程天民传》　《论文写在大地上：徐锦堂传》

《一心向学：陈清如传》　　　　　《铃记：张兴钤传》
《许身为国最难忘：陈能宽》　　　《寻找沃土：赵其国传》
《钢锁苍龙　霸贯九州：方秦汉传》《虚怀若谷：黄维垣传》
《一丝一世界：郁铭芳传》　　　　《乐在图书山水间：常印佛传》
《宏才大略：严东生传》　　　　　《碧水丹心：刘建康传》

《我的气象生涯：陈学溶百岁自述》
《赤子丹心 中华之光：王大珩传》
《根深方叶茂：唐有祺传》
《大爱化作田间行：余松烈传》
《格致桃李半公卿：沈克琦传》
《躬行出真知：王守觉传》
《草原之子：李博传》

《宏才大略 科学人生：严东生传》
《航空报国 杏坛追梦：范绪箕传》
《聚变情怀终不改：李正武传》
《真善合美：蒋锡夔传》
《治水殆与禹同功：文伏波传》
《用生命谱写蓝色梦想：张炳炎传》
《远古生命的守望者：李星学传》

《我的教育人生：申泮文百岁自述》
《阡陌舞者：曾德超传》
《妙手握奇珠：张丽珠传》
《追求卓越：郭慕孙传》
《走向奥维耶多：谢学锦传》
《绚丽多彩的光谱人生：黄本立传》

《探究河口 巡研海岸：陈吉余传》
《胰岛素探秘者：张友尚传》
《一个人与一个系科：于同隐传》
《究脑穷源探细胞：陈宜张传》
《星剑光芒射斗牛：赵伊君传》
《蓝天事业的垦荒人：屠基达传》